HEYNE <

Das Buch

Sich lebendig fühlen, in der eigenen Mitte sein, die Schönheit der Welt erkennen, Dankbarkeit allem gegenüber zu empfinden, den jetzigen Moment genießen – all das wird im Lärm des modernen Alltags immer schwerer. Um dies erleben zu können – oder, wie Thich Nhat Hanh es ausdrückt: den Ruf unseres Herzens zu hören –, benötigen wir Stille und Ruhe. Und genau dazu gibt der große Meditationslehrer in diesem Buch eine einfache Anleitung.

Der Autor

Thich Nhat Hanh, 1926 in Vietnam geboren, gehört als sozial engagierter buddhistischer Mönch und Zen-Meister zu den bedeutendsten spirituellen Lehrern der Gegenwart. Die schmerzhaften Erfahrungen des Vietnamkriegs haben sein Bewusstsein dafür gestärkt, wie die buddhistische Lehre und insbesondere die Entwicklung von Achtsamkeit dazu beitragen können, Konflikte zu lösen oder erst gar nicht entstehen zu lassen. Thich Nhat Hanh lebt im Exil, seit ihm anlässlich einer Reise in die Vereinigten Staaten 1966 die Regierung von Südvietnam die Rückkehr in seine Heimat verweigerte. Er ist Autor zahlreicher Bücher und engagiert sich in der Friedensarbeit und Flüchtlingsbetreuung.

THICH NHAT HANH

Stille, die aus dem Herzen kommt

Innere Ruhe finden in einer lauten Welt

Aus dem Englischen übersetzt
von Jochen Lehner

WILHELM HEYNE VERLAG
MÜNCHEN

Die Originalausgabe erschien 2015 unter dem Titel
Silence: The Power of Quiet in a World of Noise im Verlag HarperOne,
an imprint of HarperCollins Publishers, LLC, USA.

MIX
Papier | Fördert gute Waldnutzung
FSC® C014496

Penguin Random House Verlagsgruppe FSC® N001967

4. Auflage
Taschenbucherstausgabe 12/2018

Neumarkter Straße 28, 81673 München
produktsicherheit@penguinrandomhouse.de
(Vorstehende Angaben sind zugleich
Pflichtinformationen nach GPSR.)

Redaktion: Dr. Martina Darga
Umschlaggestaltung: Guter Punkt, München, unter Verwendung
eines Motivs von © Maria Rafaela Schulze-Vorberg/Getty Images
Satz: Satzwerk Huber, Germering
Druck und Bindung: GGP Media GmbH, Pößneck
ISBN 978-3-453-70360-5

www.heyne.de

Inhalt

Einleitung

Die Welt ringsum ist voller Wunder und doch sind wir ständig auf der Suche nach Glück. Dass wir leben und unsere Schritte auf der Erde setzen, ist an sich schon staunenswert, aber die meisten von uns hetzen herum, als gäbe es anderswo doch noch etwas Besseres. Schönheit ruft uns täglich, stündlich, aber hören wir?

Um den Ruf der Schönheit hören und ihm antworten zu können, müssen wir zunächst einmal still sein, das ist die Grundbedingung. Solange wir keine Stille in uns haben, sondern Geist und Körper von Lärm erfüllt sind, hören wir den Ruf der Schönheit nicht.

In unserem Kopf spielt ein Radio und eingestellt ist der Sender NSD – Nonstop Denken. Es wird immer irgendetwas geplappert und wir haben kaum eine Chance, den Ruf des Lebens, den Ruf der Liebe zu hören. Unser Herz ruft uns, aber wir hören nicht. Wir haben keine Zeit, auf unser Herz zu hören.

Achtsamkeit lässt die innere Geräuschkulisse abklingen. Ohne Achtsamkeit werden wir ständig von irgendetwas hierhin und dorthin gezerrt – vor allem von der Vergangenheit, in der es ja immer etwas zu bedauern oder zu beklagen gibt. Wir beschäftigen uns mit längst Vergangenem und durchleiden die früher einmal erlebten Schmerzen immer wieder. So wird die Vergangenheit zum Gefängnis.

Auch die Zukunft lenkt uns ab. Wer der Zukunft mit Bangen entgegensieht, sitzt genauso in der Falle wie jemand, der sich nicht von der Vergangenheit lösen kann. Die Ungewissheit der Zukunft, verbunden mit Ängsten und Befürchtungen, macht uns taub für die Stimme des Glücks, und so wird die Zukunft dann ebenfalls eine Art Gefängnis.

Wir mögen uns bemühen, ganz im gegenwärtigen Augenblick zu sein, doch viele lassen sich ablenken und fühlen eine Art innere Leere. Wir sind voller Sehnsucht und warten auf irgendetwas oder erwarten etwas, das unserem Leben Aufschwung geben oder es ein bisschen spannender machen soll. Irgendetwas soll kommen und alles ändern, denn was eben jetzt der Fall ist, finden wir eher langweilig – nichts Besonders oder Interessantes.

Achtsamkeit lässt sich als ein Glockenton beschreiben, bei dem wir innehalten und schweigen, um zu lauschen. Wir können zu diesem Zweck tatsächlich eine Glocke verwenden, aber jedes andere Zeichen tut es auch, sofern es uns daran erinnert, dass wir uns nicht von der äußeren und inneren Geräuschkulisse vereinnahmen lassen wollen. Beim Klang der Glocke halten wir inne. Wir verfolgen unseren Atem – einatmen, ausatmen – und schaffen Raum für Stille. Innerlich sagen wir: »Beim Einatmen weiß ich, dass ich einatme. Beim Ausatmen weiß ich, dass ich ausatme.« Bei diesem achtsamen Ein- und Ausatmen, wenn wir wirklich nur auf den Atem achten, können wir alles in uns zum Schweigen bringen, all das Wortgeklingel über Vergangenheit, Zukunft und unser Verlangen nach mehr.

Schon nach zwei oder drei Sekunden des achtsamen Atmens kann uns bewusst werden, dass wir lebendig sind und atmen. Wir sind da. Wir existieren. Dann verstummt der innere Lärm und es entsteht etwas Weiträumiges, der Raum einer kraftvollen und beredten Stille. Jetzt erreicht uns der Ruf der Schönheit ringsum und wir antworten: »Ich bin hier. Ich bin frei. Ich höre dich.«

Was bedeutet »Ich bin hier«? Es bedeutet: »Ich existiere. Ich bin wirklich hier, weil ich nicht in der Vergangenheit, in der Zukunft, in meinem Denken umherirre, nicht im inneren Lärm und nicht im äußeren Lärm. Ich bin hier.«

Um wirklich zu *sein*, muss man frei sein: frei vom Denken, frei von Befürchtungen, frei von Angst, frei von Verlangen. »Ich bin frei«, das sind gewaltige Worte und die Wahrheit sieht so aus, dass sehr viele von uns nicht frei sind. Sie verfügen nicht über die Freiheit, die ihnen erlauben würde, zu hören, zu sehen und einfach nur zu sein.

Zusammen schweigen

Ich lebe in einem Retreatzentrum im Südwesten Frankreichs und wir haben hier eine Stillepraxis, die wir »edles Schweigen« nennen. Das geht ganz einfach. Wenn wir reden, reden wir, aber bei allem anderen – essen, gehen, arbeiten und so weiter – tun wir *nur* das. Wir sprechen dabei nicht auch noch. Wir tun die Dinge in fröhlichem edlem Schweigen. So hören wir zu, was unser Herz uns aus der Tiefe zuruft.

Neulich haben wir uns, Ordensleute und Laien, draußen auf dem Rasen zum Mittagessen versammelt. Wir gingen nacheinander zur Essensausgabe, um uns dann draußen im Gras niederzulassen. Es waren viele und unser Kreis bestand schließlich aus mehreren Reihen. Es wurde nicht gesprochen.

Ich nahm als Erster Platz und übte das achtsame Atmen, um es in mir still werden zu lassen. Ich lauschte den Vögeln und dem Wind, ich genoss die Schönheit des Frühlings. Es war aber nicht so, dass ich wartete, bis alle saßen, um dann essen zu können. Es war einfach schön, die gut zwanzig Minuten da zu sitzen, bis alle versorgt waren und sich in den Kreis gesetzt hatten.

Es war still, aber für mein Gefühl nicht so still, wie es hätte sein können. Vielleicht waren diese Schritte – Essen holen, mit dem Teller nach draußen gehen und schließlich Platz nehmen – für manchen doch ein wenig ablenkend gewesen. Ich saß schweigend da und ließ das alles auf mich wirken.

Ich hatte eine kleine Glocke bei mir und als alle saßen, ließ ich sie klingen. Da wir gerade gemeinsam eine Woche lang geübt hatten, achtsam zu atmen und auf die Glocke zu lauschen, kam das Signal sofort bei allen an. Schon nach dem ersten Glockenton der Achtsamkeit fühlte sich die Stille ganz anders an. Jetzt war es echte Stille, weil alle aufgehört hatten zu denken. Wir sammelten uns auf das Einatmen, dann auf das Ausatmen. Wir atmeten gemeinsam und die Stille verdichtete sich zu einem Kraftfeld. Eine solche Stille wird »donnernd« genannt, weil sie vielsagend und kraftvoll ist. In dieser Stille wurden die Laute der Vögel und des Windes so viel lebendiger. Auch vorher hatte ich die Vögel und den Wind schon gehört, aber nicht so wie jetzt in dieser tiefen Stille.

Stille zu üben, um innerlich alles zum Schweigen zu bringen, ist nicht schwierig. Ein bisschen Training, und schon kann man es. Im edlen Schweigen können wir gehen oder sitzen oder das Essen genießen. In solcher Stille sind wir frei, uns am Leben zu freuen, und wir sind ganz offen für die Wunder des Lebens. Wir sind in dieser Stille auch eher in der Lage, uns zu heilen, sei es seelisch oder körperlich. Es fällt uns leichter zu *sein*, da zu sein, einfach lebendig zu sein. Wir sind dann wirklich frei – frei von allen Kümmernissen und Schmerzen der Vergangenheit, frei von Zukunftsängsten und Sorgen, frei vom endlosen inneren Gerede. Diese Stille ist schon schön, wenn man für sich allein ist, aber gemeinsam in der Stille zu sein, das hat etwas sehr Dynamisches und Heilsames.

Der Klang der Lautlosigkeit

Unter Stille verstehen wir meist, dass keine Geräusche zu hören sind, aber Stille hat auch selbst einen mächtigen Klang. Der Winter 2013/14 war in Frankreich nicht sehr kalt, aber in Nordamerika herrschte bittere Kälte, wie wir erfuhren. Es gab ungewöhnlich viele Schneestürme und die Temperatur sank gelegentlich unter minus 20 Grad. Ich habe ein in der kältesten Phase aufgenommenes Foto der Niagarafälle gesehen – lauter gigantische Eisgebilde, der Fall fiel nicht mehr, er war erstarrt. Das Bild beeindruckte mich sehr. Wenn das Wasser stand, fragte ich mich, hatte dann auch das Rauschen aufgehört?

Vor ungefähr vierzig Jahren hielt ich mich zu einem Retreat für junge Leute in Chiang Mai im Nordosten Thailands auf. Ich wohnte in einer Hütte an einem Bach, dessen Bett mit großen Felsbrocken übersät war. Ständig war das Rauschen des Wassers zu hören und es bot einen besonderen Genuss, hier zu atmen, die Kleider zu waschen und auf den Felsen im Bachbett ein Nickerchen zu halten. Wo ich auch ging oder stand, überall war das Rauschen des Wassers um mich – Tag und Nacht dieses immer gleiche Rauschen. Beim Anblick der Bäume und Sträucher dachte ich: Sie hören dieses Rauschen seit ihrer Geburt – was, wenn es plötzlich aufhörte und sie zum ersten Mal keinen Laut hören würden, Stille? Versuchen Sie einmal, sich das vorzustellen. Plötzlich fließt das Wasser nicht mehr und alle Pflanzen, die von ihrem ersten Augenblick an das ununterbrochene Rauschen gewohnt sind, Tag und

Nacht, hören auf einmal nichts mehr. Sie wären doch sicher überrascht, zum ersten Mal in ihrem Leben den Nicht-Klang zu hören, den Klang der Stille.

Die fünf wahren Laute

Ein Mensch von großem Mitgefühl, dessen Lebenswerk darin besteht, die Leiden der Menschen zu lindern, wird im Buddhismus als *Bodhisattwa* bezeichnet. Einer der großen Bodhisattwas des Buddhismus heißt Avalokiteshvara, der Bodhisattwa des tiefen Lauschens. Eine der möglichen Übersetzungen seines Namens lautet »Der die Laute der Welt wahrnimmt«.

Nach der buddhistischen Überlieferung hört Avalokiteshvara nicht nur Laute und Geräusche aller Art, sondern bringt auch fünf für die Welt heilsame Arten von Lauten hervor. Wer in sich selbst Stille findet, der hört diese Laute.

Der erste dieser Laute ist der »wunderbare Klang«, der Klang der Wunder dieses Lebens, die uns rufen: die Laute der Vögel, das Geräusch des Regens und dergleichen.

Gott ist Klang.

Der Schöpfer des Kosmos ist ein Laut.

Alles beginnt mit dem Laut.

Der zweite Laut ist »der Klang dessen, der die Welt betrachtet«. Es ist der Klang des Lauschens, der Klang der Stille.

Der dritte Laut ist der »Brahma-Klang«. Gemeint ist der transzendente Laut OM, der im spirituellen Denken Indiens eine lange Tradition hat. Der Überlieferung nach kann der Klang des OM Welten entstehen lassen. Der Kosmos und die Welt sind nach dieser Überlieferung aus dem OM hervorgegangen. Das Gleiche sagen die berühmten ersten Worte des Johannesevangeliums: »Im Anfang war das Wort.« In den Veden, den uralten Texten Indiens, ist das OM dieses Anfangs-Wort, und in der vedischen Tradition Indiens ist dieser Laut die letztendliche Wirklichkeit oder Gott.

Auch im Weltbild der modernen Kosmologie ist etwas Ähnliches zu erkennen. Man hat nach dem Beginn des Universums geforscht und es stellte sich heraus, dass dieser Beginn anscheinend in einer großen Explosion lag, der man den Namen »Urknall« gab.

Der vierte Laut ist der »Klang der auflaufenden Flut«. Damit ist die Stimme des Buddha gemeint. Die Lehre des Buddha räumt Missverständnisse aus, beseitigt plagende Geisteszustände und verwandelt alles. Sie geht den Dingen auf den Grund und entfaltet von dorther ihre Wirkung.

Der fünfte Laut schließlich ist »der Klang, der über alle Laute der Welt hinausgeht«. Es ist der Klang der Unbeständigkeit, der uns mahnt, bestimmte Worte und Laute nicht so ernst zu nehmen, dass wir an ihnen haften. Erst die Gelehrten haben die Lehre des Buddha kompliziert und schwer verständlich gemacht. Der Buddha selbst hat sich sehr einfach ausgedrückt und sich nicht in den Worten verfangen. Wenn also eine Lehre zu kompliziert ist, kann es nicht die des Buddha sein. Wenn etwas zu laut und zu verschachtelt ist, kann es nicht die Stimme des Buddha sein. Der fünfte Laut ist überall zu hören. Selbst im Gefängnis können Sie den Klang hören, der über alle Laute der Welt hinausgeht.

Unser tiefstes Anliegen

Wenn es Ihnen gelungen ist, alle inneren Geräusche abzustellen, wenn Stille eingekehrt ist, donnernde Stille, werden Sie immer deutlicher einen Ruf aus der Tiefe hören, der von innen kommt. Ihr Herz ruft Sie da. Ihr Herz möchte Ihnen etwas sagen, aber Sie konnten es bisher nicht hören, weil es zu laut in Ihnen war. Sie sind ständig abgelenkt gewesen, Tag und Nacht. Sie waren buchstäblich gedankenvoll und es handelte sich vorwiegend um negative Gedanken.

Im täglichen Leben sind viele von uns die meiste Zeit mit der Suche nach materiellen Annehmlichkeiten und seelischem Trost beschäftigt, um auch nur irgendwie zurechtzukommen. Das sind die *alltäglichen Belange*, wie man sagen könnte. Die alltäglichen Belange – Geld verdienen, Ernährung, Behausung und dergleichen materielle Angelegenheiten – nehmen uns sehr weitgehend in Anspruch. Dazu kommen die emotionalen Belange, zum Beispiel ob eine bestimmte Person uns liebt und ob unser Job wohl noch sicher ist. Vielleicht sind wir auf der Suche nach einer dauerhaften, nicht zu schwierigen Beziehung und wünschen uns etwas, worauf wir uns verlassen können. Den lieben langen Tag zerbrechen wir uns wegen Dingen dieser Art den Kopf. Wir verbringen etwa 99,9 Prozent unserer Zeit mit diesen Sorgen.

Das ist einerseits verständlich, denn ohne die Befriedigung unserer Grundbedürfnisse können wir uns nicht sicher fühlen. Aber vielfach ist es so, dass wir uns weit über das notwendige Maß hinaus um solche Dinge sorgen. Wir sind körperlich nicht bedroht, wir müssen keinen Hunger leiden, wir haben ein Dach über dem Kopf und sind in einer liebevollen Familie geborgen. Dennoch kann es sein, dass wir uns ständig Sorgen machen.

Es gibt aber für uns alle auch tiefere Anliegen, die wir vielleicht noch nicht wahrgenommen haben und deshalb nicht beachten. Unser tiefstes Anliegen hat nichts mit den alltäglichen Belangen der materiellen Sicherheit und emotionalen Geborgenheit zu tun. Es liegt in der Frage, was wir mit unserem Leben anfangen wollen. Ich bin hier, aber wozu bin ich hier? Wer bin ich überhaupt? Was möchte ich mit meinem Leben anfangen? Das sind Fragen, für deren Beantwortung wir uns normalerweise keine Zeit nehmen.

Das sind nicht nur philosophische Fragen, denn wenn wir sie nicht beantworten können, finden wir keinen Frieden, und ohne Frieden finden wir keine Freude, denn

Freude ist nicht möglich ohne Frieden. Viele von uns glauben, solche Fragen seien nicht zu beantworten, aber in der Achtsamkeit, wenn wir innerlich ein wenig still geworden sind, werden die Antworten hörbar. Sie können Antworten auf solche Fragen finden, Sie können den tiefen Ruf Ihres Herzens hören.

»Wer bin ich?« – wenn Sie sich mit dieser Frage lange genug und konzentriert beschäftigen, werden Sie auf überraschende Antworten stoßen: Sie könnten beispielsweise daran denken, dass Sie die Fortsetzung Ihrer Vorfahren sind. Ihre Eltern und deren Eltern und deren Vorfahren sind in den Zellen Ihres Körpers präsent, in Ihnen bestehen sie sozusagen fort. Ein getrenntes Selbst ist da nicht zu finden. Ohne Ihre Eltern und deren Eltern und deren Vorfahren würde es Sie gar nicht geben!

Oder Sie betrachten den Umstand, dass Sie aus Elementen bestehen, Wasser zum Beispiel. Nehmen Sie das Wasser weg und Sie sind nicht mehr vorhanden. Sie bestehen auch aus Erde. Nehmen Sie das Element Erde weg und Sie sind nicht mehr vorhanden. Sie bestehen aus Luft und Luft brauchen Sie sehr dringend, um leben zu können. Nehmen Sie das Element Luft weg und es gibt Sie nicht mehr. Schließlich das Feuer, das Element der Wärme und des Lichts in Ihnen. Sie wissen, dass Sie aus Sonnenlicht bestehen, denn ohne Sonne würde auf der Erde nichts wachsen. Bei näherer Betrachtung erschließt sich Ihnen, dass Sie ein Geschöpf der Sonne sind. Die Sonne ist einer von schier unendlich vielen Sternen in unserer Galaxie. Die Erde und Sie selbst sind aus Sternen hervorgegangen. Also sind Sie die Sterne. Blicken Sie in einer klaren Nacht in den Himmel und Sie sehen, dass Sie die Sterne dort oben sind. Sie sind nicht dieses Stäubchen, dieser Körper, den Sie für Ihr Ich halten.

Nicht mehr rennen

Achtsamkeit schafft einen ruhigen inneren Raum, in dem Sie einmal genau hinschauen können, um zu sehen, wer Sie sind und was Sie mit Ihrem Leben anfangen möchten. Sie werden dann keine Lust mehr haben, sinnlosen Dingen nachzulaufen. Bisher sind Sie gerannt, immer auf der Suche nach etwas, weil Sie meinten, es handle sich um etwas, das Sie brauchen, um Frieden und Sicherheit zu finden. Sie treiben sich an, dies oder jenes zu erreichen, damit Sie dann glücklich sein können. Sie denken, es seien noch nicht alle Bedingungen erfüllt, und daraus entsteht die Gewohnheit, immer irgendetwas hinterherzurennen. »Ich kann jetzt noch nicht in Frieden sein, ich kann nicht anhalten und das genießen, was vorhanden ist, es fehlt noch so manches, bis ich glücklich sein kann.« Aber das Leben ist voller Wunder, auch voller wunderbarer Klänge. Wer *hier* sein kann, der ist frei und kann hier und jetzt glücklich sein. Kein Grund mehr zur Eile.

Die Übung der Achtsamkeit ist sehr einfach. Sie halten an, Sie atmen, Sie lassen innerlich Ruhe einkehren. Sie kehren heim zu sich selbst und genießen in jedem Augenblick das Hier und Jetzt.

Das Wunderbare des Lebens ist bereits gegeben. Es ruft Sie. Hören Sie hin und Sie werden aufhören zu rennen. Sie brauchen das, was wir alle brauchen: Stille. Sorgen Sie für innere Stille und die wunderbaren Laute des Lebens werden hörbar. Da beginnt das wahre Leben, echt und tief.

Allgegenwärtiger Lärm

Falls Sie nicht allein und ohne Elektrizität in den Bergen leben, werden Sie wohl den ganzen Tag lang ein stetiges Rauschen von Lärm und Informationen in sich aufnehmen. Auch wenn Sie nicht sprechen oder Radio hören, dringen doch ständig Worte und Geräusche auf Sie ein – über Reklametafeln, Anrufe, SMS, soziale Medien, Computerbildschirme, Rechnungen, Broschüren und vieles mehr. Am Flughafen ist es oft kaum möglich, eine nicht beschallte Ecke ohne flimmernde Bildschirme zu finden. Und viele Menschen sind bei der morgendlichen Pendelfahrt mit Tweets, SMS, Nachrichten, Spielen oder Updates beschäftigt.

Und sollte einmal für einen Moment nichts von außen hereinkommen, drehen in unserem Kopf die immer gleichen Gedanken umso eifriger ihre Schleifen. Wie viele Minuten verbringen Sie an einem durchschnittlichen Tag in Stille, falls so etwas überhaupt vorkommt?

Stille ist lebenswichtig. Wir brauchen Stille genauso wie Atemluft oder wie die Pflanzen das Licht brauchen. Wenn wir innerlich voller Worte und Gedanken sind, wo bliebe dann Platz für uns?

Wer in der Stadt lebt, ist einen gewissen Geräuschpegel gewohnt. Laute Stimmen, Hupen, Musik. Diese Geräuschkulisse kann in ihrer Stetigkeit sogar etwas Beruhigendes haben. Ich kenne Leute, die fürs Wochenende aufs Land fahren oder an einem Meditationsretreat teilnehmen und die Stille da als irgendwie bedrückend, wenn nicht beängstigend empfinden. Sie sind die Geräuschkulisse gewohnt und die Stille ist ihnen nicht angenehm, sie fühlen sich darin nicht geborgen.

Pflanzen brauchen Licht zum Wachsen, Menschen brauchen Luft zum Atmen. Alles Lebendige braucht Raum zum Wachsen und Werden.

Angst vor der Stille

Ich habe den Eindruck, dass viele Menschen die Stille fürchten. Wir nehmen eigentlich immer irgendetwas in uns auf, was allen Raum einnimmt – Text, Musik, Nachrichten oder einfach Gedanken. Wenn Stille und Freiraum so wichtig für unser Glück sind, weshalb halten wir ihnen dann nicht mehr Platz frei in unserem Leben?

Eine meiner langjährigen Schülerinnen lebt mit einem sehr netten Mann zusammen, der nicht viel redet und gut zuhören kann. Aber zu Hause muss er ständig das Radio oder den Fernseher laufen haben und beim Frühstück liest er die Zeitung.

Ich kenne eine Frau, deren Tochter regelmäßig in einem Zen-Zentrum meditierte und ihre Mutter auch dazu animieren wollte. Sie sagte zu ihr: »Das ist wirklich easy, Mama. Du brauchst nicht einmal auf dem Boden zu sitzen, sondern kannst dir einen Stuhl nehmen. Man hat da überhaupt nichts zu tun. Wir sitzen einfach still da.« Die Antwort der Mutter trifft wohl für viele Menschen zu. Sie sagte: »Ich glaube, genau das macht mir Angst.«

Sogar wenn wir unter Leuten sind, können wir uns einsam fühlen. Wir sind zusammen einsam. Da ist eine Leere in uns und die ist unbehaglich, also füllen wir sie mit etwas, um sie loszuwerden. Die Technik bietet uns dazu vielerlei Gerätschaften unter dem Motto »stay connected«. Heute sind wir immer irgendwo angeschlossen und doch einsam. Unzählige Male jeden Tag schauen wir nach E-Mails und sehen uns auf den Websites der sozialen Medien um. Dann beantworten wir die E-Mails und posten hier und da und dort. Wir möchten teilen und vor allem möchten wir empfangen. Den ganzen Tag sind wir beschäftigt, diese Kontakte zu pflegen.

Was fürchten wir eigentlich? Es kann eine innere Leere sein, ein Gefühl von Vereinzelung, ein Kummer oder einfach Unruhe. Vielleicht fühlen wir uns verlassen und ungeliebt oder wir haben den Eindruck, dass uns irgendetwas ganz Wichtiges fehlt. Manche dieser Gefühle begleiten uns schon unser ganzes Leben und sind unter allem Tun und Denken immer präsent. Die Fülle der Außenreize macht es uns leichter, diese tieferen Gefühle nicht wahrzunehmen. Doch sobald einmal Stille einkehrt, stehen alle diese Dinge überdeutlich vor uns.

Vier Arten der Nahrung

Wir können die Geräusche aus unserer Umgebung und die Gedanken, die wir innerlich wälzen, als eine Art Nahrung betrachten. Essbare Nahrung, also das, was wir kauen und schlucken, ist uns vertraut. Das ist jedoch nur *eine* Form der Nahrung unter anderen. Unsere Lektüre, unsere Gespräche, die Sendungen, die wir im Fernsehen verfolgen, die Onlinespiele sind ebenfalls eine Form von Nahrung, und wieder eine andere Form ist in unseren Gedanken, Sorgen und Befürchtungen zu sehen. Eigentlich nehmen wir ständig irgendwelche Nahrung zu uns, und da ist es eigentlich kein Wunder, dass in unserem Bewusstsein kaum Platz für Stille und Schönheit bleibt.

Im Buddhismus sprechen wir von den »vier Nahrungsmitteln«. Gemeint sind essbare Speisen, Sinneseindrücke, unsere Willenskraft sowie das individuelle und kollektive Bewusstsein.

Essbare Speisen nehmen wir täglich zu uns und beim zweiten Nahrungsmittel, den Sinneseindrücken, handelt es sich um alles, was wir durch die Sinne aufnehmen, mit Augen, Ohren, Nase, Zunge, Körper und dem denkenden Verstand oder Geist (der im Buddhismus zu den Sinnen gezählt wird).

Zu dieser Art von Nahrungsmitteln gehört also unter anderem all das, was wir hören, lesen, riechen oder berühren, auch Telefonate, SMS, das Geräusch des vorbeifahrendes Busses, die Reklametafel, auf die der Blick im Vorbeigehen fällt. Das ist zwar alles nicht essbar, aber es handelt sich um Ideen und Informationen, die in unser Bewusstsein gelangen und in diesem Sinne täglich »verzehrte« Nahrung darstellen.

Mit dem dritten Nahrungsmittel, dem Wollen, ist das gemeint, was Sie als Ihre Willensakte, Tatabsichten und Ihre Anliegen und Wünsche bezeichnen würden. Das wird als Nahrung bezeichnet, weil es Ihre Entscheidungen und Ihr Handeln »speist«. Ohne Willen und Wünsche würden Sie keinen Finger krumm machen, Sie würden einfach nur vor sich hin welken.

Zur vierten Art von Nahrungsmitteln, dem Bewusstsein, gehören Ihr persönliches Bewusstsein und die Art und Weise, wie Ihr Geist sich ernährt und dann Ihr Denken und Tun speist. Auch das kollektive Bewusstsein mit seinen Auswirkungen auf Sie wird zu dieser vierten Art von Nahrungsmitteln gezählt.

Alle diese Nahrungsmittel können gesund oder ungesund, nahrhaft oder giftig sein, je nachdem, was und wie viel wir zu uns nehmen und ob es bewusst geschieht oder nicht. Manchmal essen wir ja Junkfood, das uns nicht bekommt, oder wenn uns etwas aufregt, trinken wir zur Beruhigung zu viel, auch wenn wir uns anschließend eher noch schlechter fühlen.

Mit den anderen Nahrungsmitteln ist es ebenso. Bei den sinnlichen Nahrungsmitteln kann beispielsweise unser Medienkonsum gesund und aufschlussreich sein, aber es kommt eben auch vor, dass wir Videospiele, Filme und Zeitschriften unkritisch konsumieren oder sogar tratschen, um uns von unseren Leiden abzulenken. Auch das Wollen kann als konstruktive Motivation gesund oder als zwanghaftes Verlangen ungesund sein. In diesem Sinne gibt es auch gesundes und ungesundes kollektives Bewusstsein, denken Sie nur daran, wie sich die Stimmung oder das Bewusstsein einer Gruppe auf Sie auswirkt, etwa wenn es sich um eine fröhliche Gemeinschaft mit starker Solidarität handelt oder um einen Zusammenschluss wütender oder antriebsloser Menschen, die zu übler Nachrede und Rivalitäten neigen.

Alle diese Nahrungsmittel haben ihre Wirkungen, weshalb wir unbedingt darauf achten müssen, was und wie viel wir zu uns nehmen. Bewusste Wahrnehmung ist hier unser bester Schutz. Ohne diesen Schutz nehmen wir leicht zu viel Unbekömmliches auf und dann sind wir unversehens voller toxischer Laute und Gedanken, die uns krank machen. Achtsamkeit wirkt hier wie ein Sonnenschutz für die zarte Haut eines Neugeborenen. Ohne diese Vorsichtsmaßnahme wären Sonnenbrand und Blasen die Folge. Im Schutz unserer Achtsamkeit sind wir sicher und bleiben gesund, weil wir nur das zu uns nehmen, was uns aufbaut.

Essbare Nahrung

Den meisten ist bewusst, dass unsere Ernährung die Stimmung beeinflussen kann. Junkfood macht müde, übellaunig und kribbelig, wir bekommen Gewissensbisse und eine anhaltende Sättigung bleibt aus. Obst und Gemüse dagegen sind gesund und nahrhaft und sie geben uns Energie. Manchmal essen wir nicht, um den Hunger zu stillen, sondern weil uns etwas bedrückt und wir uns trösten oder davon ablenken möchten. Nehmen wir an, Sie wären einsam und kämen von Ihren sorgenvollen Gedanken nicht los. Niemand fühlt sich gern so, deshalb gehen Sie jetzt zum Kühlschrank und sehen sich nach Essbarem um. Ihnen ist bewusst, dass Sie keinen Hunger haben und nicht wirklich etwas brauchen. Sie suchen sich trotzdem etwas, um diese Gefühle zu beschwichtigen.

Bei Retreats in unseren Meditationszentren gibt es drei vollwertige vegetarische Mahlzeiten am Tag, immer liebevoll und achtsam zubereitet. Trotzdem gibt es hier Leute, denen das Essen Kopfzerbrechen bereitet. Ich habe einen Freund, der bei seinem ersten Achtsamkeitsretreat an nichts anderes als die nächste Mahlzeit denken konnte. An den ersten beiden Tagen hatte er ständig Hunger und fand es ganz schrecklich, vor der Essensausgabe in der

Schlange warten zu müssen. Er war in größter Sorge, das Essen könne ausgehen, bevor er an der Reihe war – was nie vorkam. Vor den Mahlzeiten sah er jedenfalls zu, dass er seine jeweilige Beschäftigung rechtzeitig unterbrach, um möglichst weit vorn in der Schlange zu stehen.

Am dritten Tag des Retreats nahm dieser Freund an einer Austauschgruppe teil, in der er seine Gefühle über seinen kürzlich verstorbenen Vater ansprechen konnte. Er fand in dieser Gruppe viel Verständnis und Zuwendung. Die Zeit wurde bei diesem Treffen ein wenig überzogen, aber als er sich dann vor der Essensausgabe anstellte, fiel ihm auf, dass seine nervöse Eile einfach weg war. Er war voller Vertrauen, dass genug zu essen da sein würde, auch für ihn. (Ich bin wirklich froh, dass uns nicht ausgerechnet an diesem Tag der Reis oder das Gemüse ausging!)

Sinneseindrücke

Sinnliche Nahrung ist das, was wir über die Sinne und den Geist in uns aufnehmen, also alles, was wir sehen, riechen, berühren, schmecken und hören. Geräusche von außen gehören dazu, etwa in der Form von Gesprächen, Musik und sonstiger Unterhaltung. Auch unsere Lektüre und was wir dabei in uns aufnehmen ist sinnliche Nahrung.

Die Auswirkung auf unseren Gefühlshaushalt ist bei dieser Nahrung wohl noch stärker als beim Essen. Wir nehmen eine Illustrierte zur Hand oder gehen ins Internet mit seinen Bildern und dem großen Musikangebot. Wir wollen dabei sein, wir möchten informiert sein und es dient auch dem Vergnügen. Das sind gute Gründe für den Verzehr von sinnlicher Nahrung, aber häufig sind unsere persönlichen Gründe etwas anders gelagert und eigentlich laufen wir nur vor uns selbst davon und möchten unseren Seelenschmerz irgendwie übertönen. Oft genug besteht keinerlei Notwendigkeit, uns Musik anzuhören, ein Buch zu lesen oder in der Zeitung zu blättern. Es geschieht dann eher mechanisch oder weil wir es so gewohnt sind oder Zeit totschlagen oder diese beängstigende innere Leere irgendwie füllen müssen. Wir möchten uns nicht uns selbst stellen. Manche kehren nicht gern zu sich selbst zurück, weil sie einfach nicht wissen, was sie dann mit ihrem Schmerz machen sollen. Lieber suchen sie nach immer weiteren Sinneseindrücken.

Wir sind, was wir fühlen und wahrnehmen. In der Wut sind wir unsere Wut. In der Liebe sind wir die Liebe. Beim Anblick eines schneebedeckten Berges sind wir der Berg. Träumend sind wir der Traum.

Ein Teenager vertraute mir vor einiger Zeit an, er verbringe jeden Tag mindestens acht Stunden mit Videospielen. Er kann einfach nicht aufhören. Er hatte damit angefangen, um zu vergessen, dass ihm sehr unbehaglich zumute war. Er fühlte sich unverstanden, in der Familie ebenso wie in der Schule und in der Clique. Jetzt ist er spielsüchtig. Er kann an nichts anderes mehr denken. Sicher kennen wir das alle, wenn auch vielleicht in milderer Form, diese Leere und Einsamkeit, die wir mit Sinneseindrücken zu füllen suchen.

Unsere Sinne sind wie Fenster zur Außenwelt und bei vielen stehen diese Fenster ständig weit offen, sodass die von der Welt ausgehenden Sinnesreize ungehindert eindringen und sie überfluten können, was ihre Nöte und Leiden eher noch verschlimmert. Ihnen ist kalt, sie sind einsam und verängstigt. Kennen Sie das, dass Sie sich eine ganz schreckliche Fernsehsendung ansehen und sie einfach nicht ausmachen können? Es dröhnt und kracht und die endlosen Schießereien sind alles andere als ein Vergnügen, aber Sie bringen es nicht fertig, auf den Knopf zu drücken. Welchen Grund hätten Sie, sich derart zu foltern? Möchten Sie nicht lieber einmal die Sinnesfenster schließen und aufatmen? Fürchten Sie das Alleinsein, die Leere und Einsamkeit, die Sie erwarten, wenn Sie nur sich selbst haben?

Wir sind selbst der schreckliche Film, den wir uns da ansehen. Wir können alles sein, was wir wollen, sogar ohne Zauberstab. Warum öffnen wir dann schlechten Sendungen und Filmen unsere Fenster – sensationslüsternen Filmen, die nur auf maximalen Gewinn aus sind, bei denen wir Herzklopfen bekommen und die Hände verkrampfen, bis wir am Ende fix und fertig im Dunklen in unserem Bett liegen und nicht schlafen können?

Auch Gespräche sind Sinnesnahrung. Nehmen wir an, Sie unterhalten sich mit jemandem, der voller Bitterkeit oder Neid oder Habsucht ist. Sie nehmen bei diesem Gespräch die ganze dumpfe Qual des anderen in sich auf. Und ist es nicht oft so, dass wir uns nach solchen »Speisen« eher schlechter als besser fühlen? Immer öfter plagen uns auch Gedanken des Ungenügens, und dann möchten wir etwas kaufen oder irgendwelche Veränderungen vornehmen, um uns nicht mehr so elend zu fühlen.

Dabei steht es uns jederzeit frei, unseren inneren Frieden zu wahren. Dazu müssen wir nicht einmal ständig alle Fenster geschlossen halten, denn es gibt ja auch staunenswerte Wunder in der Welt, die wir »Außenwelt« nennen. Öffnen Sie Ihre Fenster für diese Wunder, aber bleiben Sie bei der Betrachtung ganz bewusst. Auch wenn Sie an einem Fluss mit herrlich klarem Wasser sitzen oder sich wirklich schöne Musik anhören oder einen erstklassigen Film ansehen, sollten Sie sich dem nicht einfach so überlassen. Bleiben Sie mit einem Teil Ihrer Aufmerksamkeit bei sich, bei Ihrem Atem. Wenn die Sonne der Bewusstheit in Ihnen scheint, sind Sie vor den meisten Gefahren sicher. Sie werden den Fluss als noch klarer, die Musik als noch harmonischer erleben und die Seele der Macher dieses guten Films wird Ihnen gänzlich offenbar sein.

Wollen, Tatabsichten, tiefstes Streben

Als drittes Nahrungsmittel betrachten wir die Willenskraft, unsere primäre Intention und Grundmotivation. Sie ernährt uns und gibt uns Zielstrebigkeit. Von außen bekommen wir – durch die Werbung, über Filme und Spiele, durch das Medium der Musik oder auch einfach im Umgang miteinander – ständig vor Augen geführt, was man heute so macht, wie man auszusehen hat, was Erfolg bedeutet und wie man überhaupt sein muss. Es ist eine so stetige Berieselung, dass wir uns kaum noch fragen, was eigentlich unsere *wahren* Wünsche sind. Wir handeln zwar, aber es fehlen uns der Freiraum und die Stille, in der wir zu *gezieltem* Handeln finden könnten.

Ohne klare Zielvorstellungen treiben wir nur so dahin. Es gibt Leute, die ich einmal im Jahr sehe. Wenn ich sie dann frage, was sie im Laufe dieses Jahrs gemacht haben, fällt manchen nicht viel ein. Vielen von uns geht es so, dass die Tage, Wochen und Monate wie im Nebel vorbeiziehen. Das hängt damit zusammen, dass wir häufig gar nicht wissen, was unsere Absicht, unser Ziel ist. Oft sieht es so aus, als hätten wir nichts weiter im Sinn, als einfach den Tag irgendwie zu überstehen. Aber wenn wir etwas tun – etwa wenn wir in ein Geschäft gehen, eine Freundin anrufen oder uns auf den Weg zur Arbeit machen –, dann haben wir etwas im Sinn, ob es uns nun bewusst ist oder nicht. Wir sind »motiviert«, etwas setzt uns in Bewegung.

Die Zeit vergeht so schnell. Eines Tages schrecken wir vielleicht hoch und stellen fest, dass unser Leben seinem

Ende zugeht und wir keine Ahnung haben, was wir eigentlich mit all der Zeit gemacht haben. Vielleicht haben wir ganze Tage mit Ärger, Angst oder Eifersucht vertan. Selten erlauben wir uns einmal zu fragen: Tue ich eigentlich das, was mir wirklich wichtig ist im Leben? Weiß ich überhaupt, was das ist? Das Getümmel in unserem Kopf und ringsum übertönt mühelos die leise innere Stimme. Es gibt immer so viel zu tun, dass wir kaum je den Blick nach innen wenden, um nach unseren tiefsten Wünschen zu schauen.

Wenn dieses Dasein ein wirklich erfülltes Menschenleben sein soll, müssen wir uns darauf besinnen, dass wir eigentlich mehr verwirklichen möchten als nur unser persönliches Selbst. So bekommen wir den Antrieb, etwas zu ändern und dadurch von dem ständigen Lärm in unserem Kopf frei zu werden.

Der Wille kann unglaublich viel Energie generieren, aber unser Wollen entspringt nicht immer dem Herzen. Wenn Sie nur darauf aus sind, massenhaft Geld zu verdienen oder die meisten »Followers« bei Twitter zu haben, ergibt das nicht unbedingt schon ein befriedigendes Leben.

Viele Menschen mit Geld und Macht sind nicht glücklich, sondern einsam. Sie haben nicht die Zeit für ein wirklich authentisches Leben. Keiner versteht sie und auch sie verstehen niemanden.

Sie können sich ein Leben lang mit äußeren und inneren Mitteilungen beschäftigen, ohne je die Stimme Ihres tiefsten Verlangens zu hören. Niemand muss dazu aber erst Mönch, Nonne, Märtyrer oder Heiliger werden. Wenn Sie den Raum und die Stille finden, um tief in sich hineinzuhorchen, stoßen Sie vielleicht auf den Wunsch, für andere da zu sein, Liebe und Mitgefühl in die Welt zu tragen und irgendetwas in dieser Welt zum Besseren zu wenden. Ihre Arbeit – ob Sie einen Konzern leiten, im Lokal bedienen, lehren oder einen Pflegeberuf haben – kann sehr viel Freude in Ihr Leben bringen, wenn Sie klar und deutlich wissen, worauf Sie aus sind und welche Funktion Ihre Arbeit dabei haben kann.

Individuelles Bewusstsein

Auch wenn wir die Sinne »fasten« lassen und alle äußeren Lärm- und Informationsquellen ausschalten, nehmen wir noch reichhaltige Nahrung zu uns: unser persönliches Bewusstsein. Zusammen mit dem kollektiven Bewusstsein bildet es die vierte Nahrungsquelle.

Sobald wir unsere Aufmerksamkeit auf etwas Bestimmtes in unserem Bewusstsein richten, »verzehren« wir es. Und was wir da zu uns nehmen, kann wie beim Essen nahrhaft und gesund oder einfach nur belastend sein. Ein bitterer oder wütender Gedanke beispielsweise wird zu giftiger Bewusstseinsnahrung, wenn wir ihn immer weiter in uns umgehen lassen. Achten wir dagegen auf die Schönheit des Tages oder empfinden Dankbarkeit für unsere Gesundheit und die Liebe der Menschen in unserer Umgebung, nehmen wir gesunde Bewusstseinsnahrung zu uns.

Jeder Mensch kann lieben und verzeihen, jeder kann verständnisvoll und mitfühlend sein. Wer diese Dinge in sich nährt und stärker werden lässt, der bekommt von seinem Bewusstsein diese gesunden Nahrungsmittel, von denen er sich großartig fühlt und die allen Menschen ringsum zugutekommen. Jedes Bewusstsein hat aber auch die Anlage zu Zwangsvorstellungen, Sorgen, Verzweiflung, Einsamkeit und Selbstmitleid. Wenn Sie dann entsprechende sinnliche Nahrungsmittel zu sich nehmen – in dem Sie Revolverblättchen lesen, gewaltstrotzende Videospiele spielen, neidisch auf die Leistungen anderer blicken oder sich an kleinlichen oder verleumderischen Gesprächen beteiligen –, werden Ärger, Entmutigung und Neid zu starken Kräften in Ihrem Bewusstsein. Sie erzeugen dann innerlich selbst die Nahrungsmittel, die Ihnen nicht bekommen. Selbst wenn Sie das Buch schließlich weglegen und das Computerspiel beenden, werden Sie innerlich noch Stunden, Tage oder Wochen mit diesen »Toxinen« beschäftigt sein, einfach weil Sie die schlechte Saat in Ihrem Bewusstsein bewässert haben.

Jeder weiß, dass es giftige Pflanzen gibt, Tollkirsche und Schierling zum Beispiel, die man besser nicht zu sich nimmt und die wohl auch niemand in seinem Garten anbauen würde. Genauso haben Sie die Wahl, in Ihrem Bewusstsein nur Gesundes und Nahrhaftes anzupflanzen und alles Giftige einfach wegzulassen.

Wissentlich oder unwissentlich bewässern wir immer irgendetwas in uns, was wir dann später »auf dem Teller« haben. Was wir unwissentlich gießen und verzehren, zeigt sich dann etwa in der Gestalt von Träumen. Oder wir geben im Gespräch unvermittelt etwas von uns, was uns gleich darauf so unangenehm ist, das wir uns fragen: »Wo um Himmels willen kam das denn her?« Wir können uns selbst und unseren Beziehungen schweren Schaden zufügen, wenn wir nicht darauf achten, was wir zu uns nehmen und innerlich anbauen.

Kollektives Bewusstsein

Wir haben nicht nur unser persönliches Bewusstsein, sondern nehmen auch das kollektive Bewusstsein in uns auf. Wie das Internet aus vielen einzelnen Websites besteht, setzt sich das kollektive Bewusstsein aus dem persönlichen Bewusstsein der Einzelnen zusammen. Alle Elemente des kollektiven Bewusstseins sind auch im individuellen Bewusstsein präsent. Kollektives Bewusstsein kann offensichtlich destruktiv sein, wie wir am Beispiel einer randalierenden Menge sehen können. Manchmal ist der destruktive Charakter aber nicht so leicht zu erkennen, beispielsweise bei der verschleierten Feindseligkeit von

Leuten, die andere verurteilen oder über sie herziehen. Genauso gut aber kann das kollektive Bewusstsein wie auch das Einzelbewusstsein etwas Heilsames haben, etwa unter wohlgesonnenen Freunden und Angehörigen oder auch unter Fremden, die ein gemeinsames Erlebnis verbindet – Musik-, Kunst- oder Naturgenuss beispielsweise. Inmitten von verständnis- und liebevollen Menschen fühlen wir uns gut aufgehoben und unsere eigene Fähigkeit, Verständnis und Liebe zu zeigen, erhält Nahrung. Umgeben wir uns dagegen mit Menschen, die gern tratschen und klagen und immer etwas zu kritisieren finden, nehmen wir diese Giftstoffe in uns auf.

Ich habe einen vietnamesischen Freund, der Musiker ist. Als junger Mann war er nach Kalifornien ausgewandert, aber als er alt wurde, wollte er wieder nach Vietnam. Dort fragten ihn die Leute, weshalb er zurückgekehrt sei. »In Kalifornien«, argumentierten sie, »konntest du doch alles zu essen bekommen, was du nur wolltest, du konntest tun, was du wolltest, und die medizinische Versorgung war erstklassig. Auch alle nur erdenklichen Musikinstrumente gibt es da. Du hattest einfach alles. Weshalb kommst du nach Vietnam zurück?« Er sagte, in Kalifornien sei er von ausgewanderten Vietnamesen umgeben gewesen, die voller Wut und Hass waren. Bei jeder Begegnung, jedem Besuch hätten sie ihn mit ihrem alten Groll vergiftet. Er wollte sich in den kostbaren Jahren, die ihm noch blieben, nicht von so etwas ernähren, also überlegte er, wo er unter fröhlichen Menschen sein würde, die füreinander da waren.

Die kollektive Energie geht auf uns über, ob wir wollen oder nicht, auch in einer von Gewalt, Angst, Wut und Verzweiflung beherrschten Gegend. Genauso können wir in einer sehr lauten und verkehrsreichen Gegend, in der ständig irgendwelche Alarmsignale zu hören sind, nicht verhindern, dass die Energie und Hektik auf uns übergreift. Wer nicht durch die Umstände gezwungen ist, in solch einem Viertel zu wohnen, wählt besser eine ruhigere Gegend, in der er nicht so bestürmt wird. Es lassen sich allerdings auch in einer lauten Umgebung Oasen der Stille schaffen. Damit machen wir uns zu Kräften, die die Dinge zum Besseren wenden.

Falls Sie sich mit dem Gedanken tragen, in Ihrem Leben mehr Ruhe und mehr Raum für Freude entstehen zu lassen, sollten Sie bedenken, dass man sich damit als Einzelkämpfer unnötig schwertut. In einem bereits so ausgerichteten Umfeld erreichen Sie Ihr Ziel wesentlich leichter. Wenn Sie nicht in eine ruhigere und friedlichere Gegend umziehen können, umgeben Sie sich wenigstens möglichst oft mit Menschen, die zu einer ruhigen und mitfühlenden Atmosphäre beitragen. Diese bewusste Entscheidung über Ihren Umgang ist sehr wichtig, wenn Sie mehr Raum für Freude finden möchten.

ÜBUNG

Atmen als Nahrung

Wenn wir uns einsam fühlen oder angespannt sind, suchen wir oft ganz automatisch nach Ablenkungen, die uns wiederum gern zu ungesundem Konsum verleiten. Wir essen, ohne Hunger zu haben, wir surfen ziellos im Internet, wir lesen oder wir fahren einfach so in der Gegend herum. Da kann das bewusste Atmen eine willkommene Alternative sein: Wir nähren Körper und Geist mit Achtsamkeit. Schon nach wenigen achtsamen Atemzügen kann das Verlangen nach Futter oder Ablenkung nachlassen. Körper und Geist kommen wieder zusammen und beide werden vom achtsamen Atmen genährt. Der Atem wird ganz von selbst entspannter und diese Entspannung greift auf den Körper über.

Die Rückkehr zum bewussten Atmen verschafft Ihnen eine wohltuende Pause. Außerdem wird Ihre Achtsamkeit dabei stärker, sodass Sie über die nötige Ruhe und Konzentration verfügen, wenn Sie sich einmal Ihre angespannte Verfassung, Ihre Ängste oder andere Emotionen genauer ansehen möchten.

Geführte Meditationen sind seit der Zeit des Buddha üblich. Die folgende Übung können Sie im Sitzen, aber auch im Gehen machen. Bei der Meditation im Sitzen kommt es darauf an, bequem und mit entspannt gerade gehaltenem Rücken zu sitzen. Sie können mit überkreuzten Beinen auf einem Kissen sitzen oder Sie wählen einen

Stuhl und achten darauf, dass die Füße flach auf dem Boden stehen. Beim ersten Einatmen sprechen Sie innerlich die erste Zeile des folgenden Meditationstextes, beim anschließenden Ausatmen die zweite Zeile. Beim zweiten Atemzyklus genügt es, einfach die in Klammern hinzugefügten Schlüsselwörter zu sagen. Mit dem dritten Atemzyklus beginnt der zweite Textabschnitt und so weiter.

Beim Einatmen weiß ich, dass ich einatme.
Beim Ausatmen weiß ich, dass ich ausatme.
(Ein. Aus.)

Beim Einatmen wird mein Atem tief.
Beim Ausatmen wird mein Atem langsam.
(Tief. Langsam.)

Beim Einatmen bin ich mir meines Körpers bewusst.
Beim Ausatmen lasse ich meinen Körper ruhig werden.
(Körperbewusst. Ruhig werden.)

Beim Einatmen lächle ich.
Beim Ausatmen lasse ich los.
(Lächeln. Loslassen.)

Beim Einatmen bin ich im gegenwärtigen Augenblick.
Beim Ausatmen genieße ich den gegenwärtigen Augenblick.
(Im Augenblick. Genießen.)

Haltmachen und loslassen

Auch wenn wir gerade nicht mit jemandem reden oder lesen, Radio hören, Fernsehen oder online kommunizieren, sind wir nicht unbedingt ausgeglichen und ruhig. Es liegt daran, dass wir dann immer noch den erwähnten inneren Radiosender NSD oder Nonstop-Denken eingestellt haben.

Vielleicht sitzen wir still da und von außen kommt gerade nichts auf uns zu, und trotzdem spinnt sich in unserem Kopf ein endloser Dialog. Wir kauen auf unseren eigenen Gedanken herum. Rinder, Schafe, Hirsche und andere Pflanzenfresser würgen in Ruhephasen die verzehrte Nahrung hoch, um sie dann erneut gründlich zu kauen und schließlich der Verdauung zuzuführen: Sie sind Wiederkäuer. Sicher sind wir keine Rinder oder Hirsche, aber was sich in unserem Kopf abspielt, lässt sich durchaus als Wiederkäuen beschreiben, und leider sind es oft negative Gedanken, auf denen wir endlos herumkauen. Nachdem wir uns solche Gedanken einverleibt haben, kehren wir immer wieder zu ihnen zurück und wälzen sie erneut um und um.

Wir müssen lernen, Radio NSD abzuschalten. Diese Form der »Nahrungsaufnahme« aus unserem eigenen Bewusstsein tut uns nicht gut. In Plum Village, dem Retreatzentrum in Frankreich, in dem ich lebe, üben wir den achtsamen Verzehr der sinnlichen Nahrungsmittel und unseres Essens. Wir trinken da keinen Alkohol und essen kein Fleisch, doch darüber hinaus geben wir uns alle Mühe, beim Essen, Trinken, Geschirrspülen und allem, was sonst noch zu tun ist, möglichst wenig zu sprechen und zu denken. Würden wir beispielsweise beim Gehen auch noch reden und denken, wäre kaum zu vermeiden, dass die Gespräche und Gedanken auf uns übergreifen und wir uns in Gedanken an Vergangenheit und Zukunft oder in unseren Sorgen und Vorhaben verfangen. So leicht vergeht ein ganzes Leben damit. Welche Verschwendung! Viel besser wäre es, diese Augenblicke, die uns gegeben sind, wirklich zu leben. Wenn wir dazu fähig werden möchten, muss der innere Sender, müssen die inneren Gespräche abgeschaltet werden.

Wie wollen wir unsere Schritte genießen, wenn unsere Aufmerksamkeit durch inneres Plappern gebunden ist? Wir müssen ja unsere Empfindung bewusst wahrnehmen, nicht einfach nur unsere Gedanken. Wenn wir einen Fuß aufsetzen, sollten wir den Kontakt der Fußsohle mit dem Boden fühlen können. Ist das der Fall, werden wir am bloßen Gehen unsere Freude haben. Beim Gehen können wir Körper und Geist ganz und gar in unsere Schritte legen und in jedem kostbaren Augenblick des Lebens völlig konzentriert bleiben.

Spüren wir gesammelt den Kontakt mit der Erde, können unsere Gedanken uns nicht mehr mitschleifen, und dann erleben wir den Körper und unsere Umgebung auf ganz neue Art. Unser Körper ist ein wahres Wunderwerk. Millionen feinster Prozesse kommen in jeder einzelnen Aktion zusammen und der Sinn dafür kann sich nur bilden, wenn wir achtsam und konzentriert ganz nah an den Wundern unseres Körpers, der Erde und des Himmels bleiben.

Natürlich sind Gedanken nicht immer schlecht. Unser Denken kann sehr produktiv sein. Oft gehen Gedanken aus unseren Gefühlen und Wahrnehmungen hervor. Deshalb können wir das Denken als eine Art Frucht betrachten. Manche Früchte sind nahrhaft, andere nicht. Sorge, Angst und Kummer sind der Boden für nutzloses, unproduktives und schädliches Denken.

Wir sind unsere Gedanken, aber zugleich sind wir auch viel mehr als lediglich unsere Gedanken. Wir sind auch unsere Gefühle und Wahrnehmungen, unsere Weisheit, unser Glück und unsere Liebe. Wenn wir wissen, dass wir mehr sind als unsere Gedanken, können wir den Entschluss fassen, uns nicht von unserem Denken einnehmen und beherrschen zu lassen. Tragen unsere Gedanken das mit, was wir wirklich vorhaben im Leben? Falls nicht, müssen wir den »Reset«-Knopf drücken. Wenn wir unsere Gedanken nicht bewusst wahrnehmen, machen sie sich einfach breit in uns und nisten sich ein, auch ohne Aufforderung.

Negatives Denken als Angewohnheit

In der buddhistischen Psychologie werden zwei Hauptbestandteile unseres Geistes unterschieden. Die Grundebene unseres Geistes wird »Speicherbewusstsein« genannt. Hier sind gleichsam die Samen aller unserer Gedanken und Gefühlsregungen gespeichert. Da gibt es Samen aller Art: Samen der Liebe, des gläubigen Vertrauens, der Vergebung, der Freude und des Glücks, aber natürlich auch Samen aller leidvollen Regungen wie Ärger, Feindseligkeit, Hass, Diskriminierung, Angst und Gemütserregung. Die Begabungen und Schwächen unserer Vorfahren werden von unseren Eltern an uns weitergegeben und sind als Anlagen oder Samen in der Tiefe unseres Bewusstseins präsent. Das Speicherbewusstsein ist so etwas wie der Keller eines Hauses.

Das »Geistbewusstsein«, der zweite obere Hauptbestandteil unseres Geistes, wäre dann mit dem Wohnzimmer des Hauses zu vergleichen. Die Samen sind im Untergeschoss gespeichert und wenn die richtigen Bedingungen gegeben sind – wenn ein Same »gegossen« wird, wie wir gern sagen –, keimt er und manifestiert sich auf der Ebene des Geistbewusstseins. Dann handelt es sich nicht mehr um einen ruhenden oder schlummernden Samen, sondern um eine Energie, die man als »geistige Formkraft« bezeichnet.

Handelt es sich um einen heilsamen Samen wie Achtsamkeit oder Mitgefühl, ist er uns willkommen. Wird jedoch eine eher unheilsame Anlage zum Keimen gebracht, kann daraus ein unwillkommener Gast werden, der sich einfach in unserem Wohnzimmer breitmacht.

Beispielsweise kommt es vor, dass beim Fernsehen die Saat des Verlangens in uns aktiviert wird, um sich dann auf der Ebene des Geistbewusstseins als Energie eines Verlangens zu manifestieren. Oder nehmen wir an, die Saat des Ärgers sei gerade nicht aktiv in uns; dann sind wir ganz glücklich, vielleicht sogar voller Freude. Kommt aber plötzlich jemand daher und »gießt« mit seinen Worten oder seinem Verhalten die Saat unseres Ärgers, entsteht daraus im Geistbewusstsein eine entsprechende Energie des Ärgers.

Wir üben also die Pflege der heilsamen Samen, damit sie in unserem Leben keimen und wachsen können, und der andere Teil unserer Praxis besteht darin, dass wir die Saat von Hass und Begehren möglichst nicht gießen. Im Buddhismus wird das als »eifriges Bemühen« bezeichnet, aber in Plum Village sprechen wir einfach vom »selektiven Gießen«. Solange etwa die Saat der Gewalt und des Hasses inaktiv im Speicherbewusstsein liegt, fühlen wir uns wohl. Wenn wir jedoch aus Unwissenheit nicht klug mit unserem Bewusstsein umgehen und die Saat versehentlich gießen, bleibt sie nicht inaktiv, sondern sprießt. Da ist es dann wichtig, dass wir die Aktivierung unheilsamer Samen im Geistbewusstsein bemerken und sie nicht einfach sich selbst überlassen. Sobald sich also eine ungute geistige Formkraft manifestiert, müssen Sie als zweite Energie die Saat der Achtsamkeit in Ihrem Geistbewusstsein aktivieren, damit Sie diese unerwünschte Formkraft erkennen, annehmen und wieder zur Ruhe bringen können, um sich dann genau anzusehen, wo die negativen Ursprünge eigentlich liegen.

In vielen Menschen sind Ärger und Leid sehr lebendig. Vielleicht wurden sie misshandelt und unterdrückt und der ganze Schmerz ist noch da, im Speicherbewusstsein verwahrt. Sie haben das Geschehene noch nicht verarbeitet und transformiert und stehen jetzt allein mit ihrem ganzen Ärger und Hass, mit der Verzweiflung und dem Schmerz da. Wurden wir als kleines Kind misshandelt oder missbraucht, erleben wir das immer und immer wieder, sooft die Erinnerung in uns wach wird. Wir stellen uns sozusagen immer weiteren Misshandlungen zur Verfügung, vielleicht viele Male jeden Tag. Das ist das Wiederkäuen giftiger Nahrung, die aus unserem eigenen Bewusstsein kommt.

Sicher gab es in unserer Kindheit auch viele glückliche Augenblicke. Trotzdem fallen wir doch immer wieder in die Verzweiflung und den Groll zurück, ja schwelgen darin, auch wenn es uns überhaupt nicht guttut. Da ist es schon eine Hilfe, wenn wir ein freundliches und aufmerksames Umfeld haben und unsere Freunde uns immer wieder aufmerksam machen: »Lass das Grübeln lieber sein.« Früher sagte man: »Einen Taler für deine Gedanken.« Heute fragen wir vielleicht: »Was grübelst du? Alte Schmerzen?« Wir können uns also gegenseitig helfen, die eingefahrenen negativen Gedanken zu durchbrechen und den Blick wieder all dem Wunderbaren in uns und in unserer Umgebung zuzuwenden. Wir können gegenseitig darauf achten, ob einer gerade wieder Gespenster der Vergangenheit auferstehen lässt – die alten Leiden, die ganze Ausweglosigkeit.

Die Wirkungen unserer Gedanken in der Welt

Oft drehen sich unsere Gedanken derart im Kreis, dass wir alle Lebensfreude verlieren. Ein Großteil unseres Denkens ist nicht nur unnütz, sondern direkt schädlich. Wir mögen uns zwar sagen, dass wir mit unseren Gedanken niemandem unmittelbar schaden, doch tatsächlich wirkt alles, was uns durch den Kopf geht, auch in die Welt hinaus. Wie von einer Kerze Licht, Wärme und Kerzenduft ausgehen, nimmt unser Denken verschiedene Erscheinungsformen an, zum Beispiel als das, was wir sagen und tun.

In unseren Gedanken und Anschauungen pflanzen wir uns fort. Es sind die Kinder, die wir Moment für Moment zur Welt bringen.

Wenn jemand in unserer Nähe schlecht gelaunt ist oder nicht von seinen negativen Gedanken loskommt, spüren wir das. Bei jedem Gedanken über uns oder die Welt, über

Vergangenheit oder Zukunft strahlen wir die Energie dieser Gedanken beziehungsweise der ihnen zugrunde liegenden Anschauungen aus. Wir produzieren Gedanken, und die Gedanken sind Träger unserer Anschauungen und der Energie unserer Gefühle.

Wenn wir Sorgen und negative Gedanken wälzen, kommt es leicht zu Missverständnissen und Spannungen. Gelingt es jedoch, die Gedanken zu unterbrechen und Ruhe einkehren zu lassen, entstehen Raum und Offenheit.

Jeder hat die Wahl. *Sie* haben die Wahl. Mit Ihren Gedanken verschlimmern oder lindern Sie Ihre Leiden und die Ihrer Umwelt. Wenn Sie am Arbeitsplatz eine kollegiale und harmonische Atmosphäre schaffen möchten, fangen Sie gar nicht erst an, die anderen ändern zu wollen. Ihr Ansatz muss darin bestehen, in sich selbst einen Raum der Ruhe zu schaffen, in dem Sie mehr über sich selbst erfahren können. Dafür müssen Sie auch Ihr eigenes Leid kennen und verstehen lernen. Sobald Sie in Ihrer Praxis sicher verwurzelt sind und die ersten süßen Früchte Ihrer wachsenden Vertrautheit mit sich selbst geerntet haben, können Sie überlegen, wie Sie einen Raum schaffen, in dem Stille, tiefe Wahrnehmung und Mitgefühl Einzug halten können, sei es am Arbeitsplatz oder in Ihrem Lebensumfeld.

Achtsamkeit bedeutet: Die Aufmerksamkeit zurückholen

Nicht denken, das ist eine Kunst, die wie jede Kunst Geduld und Übung verlangt. Wenn Sie Ihre Aufmerksamkeit zurückerobern möchten, um zu erreichen, dass Körper und Geist wenigstens zehn Atemzüge lang wieder vereinigt sind, kann das zunächst schwierig sein. Üben Sie weiter und Sie werden wieder ganz präsent sein können, Sie werden lernen, einfach zu *sein*.

Am leichtesten halten Sie das gewohnte Gedankenkarussell an, wenn Sie einfach ein paar Minuten still dasitzen. Dabei werden Sie beobachten können, wie sich Gedanken einstellen, aber Sie gehen ihnen nicht nach, Sie lassen sich nicht in Grübeleien verwickeln. Stattdessen sammeln Sie sich auf den Atem und die innere Stille und lassen die Gedanken einfach kommen und gehen.

Manche Menschen sitzen nicht gern still. Sie entspannen sich nicht dabei und empfinden es als unangenehm. Ich kenne eine Frau, die ganz sicher war, sie könne nicht meditieren, »es geht einfach nicht«. Ich lud sie zu einem Spaziergang ein. Ich sprach nicht von »Meditation im Gehen«, aber wir gingen einfach langsam und bewusst und genossen die frische Luft, das Berührungsempfinden der Füße auf dem Boden, das Miteinander. Als wir zurückkamen, leuchteten ihre Augen, sie wirkte erfrischt und klar.

Wenn Sie auch nur ein paar Minuten aufwenden, um den Körper, die Gefühle und die Wahrnehmung Ruhe finden zu lassen, rückt Freude in greifbare Nähe. Die Freude wahrer Ruhe wird zur täglichen heilkräftigen Nahrung.

Beim Gehen kann man den Kopf wunderbar frei bekommen, ohne sich eigens darum zu bemühen. Man sagt sich nicht: »Jetzt werde ich meditieren« oder »Jetzt werde ich nicht denken«, sondern man geht einfach und sammelt sich ganz aufs Gehen – Freude und Bewusstheit kommen dann von selbst.

Lassen Sie innerlich von allen Sorgen und Plänen ab, damit die Schritte beim Gehen ein Genuss sein können. Das braucht nicht viel Zeit und Mühe zur Vorbereitung. Mit einem einzigen achtsamen Einatmen können Sie die Gedanken bereits anhalten. Sie atmen ein und tun dabei einen Schritt. Das Einatmen gibt Ihnen zwei, drei Sekunden Zeit, um die Gedankenmaschinerie anzuhalten. Wenn Radio NSD dudelt, lassen Sie sich von dieser wie eine Windhose wirbelnden Energie nicht forttragen. Und so ist es ja bei vielen von uns beinahe ununterbrochen. Anstatt zu leben, lassen wir uns den ganzen Tag hindurch immer wieder mitreißen, Tag für Tag. Achtsamkeit erlaubt uns, im gegenwärtigen Augenblick verwurzelt zu bleiben, denn da findet das Leben mit seinen Wundern statt und ist für uns erreichbar.

Anfangs kann es ein wenig länger dauern, bis es Ihnen gelingt, sich vom Denken zu lösen, vielleicht zehn oder zwanzig Sekunden. Sie können Ihre Gangart so abstimmen, dass Sie beim Einatmen einen Schritt tun und beim Ausatmen ebenfalls. Und immer wenn Ihre Aufmerksamkeit abschweift, holen Sie sie sanft zum Atem zurück.

Zehn oder zwanzig Sekunden sind nicht viel Zeit. Ein Nervenimpuls, ein Aktionspotenzial, nimmt gerade eine Millisekunde in Anspruch. Bei zwanzig Sekunden haben Sie zwanzigtausend Millisekunden, um abschweifende Gedanken zu unterbrechen. Sie können sich aber auch mehr Zeit geben, wenn Sie möchten.

Schon in einer kurzen Zeitspanne können Sie die Freude und Glückseligkeit des Anhaltens erleben. Solange Ihr Denken pausiert, sei es auch nur kurz, kann Ihr Körper sich heilen. Auch Ihr Geist verfügt über Selbstheilungskräfte. Nichts und niemand kann Sie davon abhalten, die erlebte Freude mit einem zweiten Schritt, einem zweiten Atemzug zu verlängern. Ihre Schritte und Atemzüge sind immer für Sie da, um Sie bei der Selbstheilung zu unterstützen.

Beim Gehen werden Sie vielleicht erleben, dass Ihr Geist von alten, tief sitzenden Gewohnheitsenergien wie Ärger und Verlangen geschoben und gezogen wird. Es kann auch sein, dass solche Energien immer und bei allem an Ihnen zerren, sogar im Schlaf. Achtsamkeit erkennt diese Gewohnheitsenergie. Wenn Sie sie erkannt haben, lächeln Sie ihr einfach zu, baden Sie sie in Achtsamkeit und herzlichem, Raum bietendem Schweigen. So wird es Ihnen möglich, sich von negativen Gewohnheitsenergien zu lösen. Sie können sich immer diese weite, herzliche Umarmung der Stille gönnen, beim Gehen wie im Liegen, beim Geschirrspülen und beim Zähneputzen.

Mit Stille ist jedoch nicht nur gemeint, dass wir nicht reden. Das meiste Gerede findet innerlich in unseren Köpfen statt. Wir denken und überdenken, endlos und immer im Kreis herum. Deshalb ist es gut, sich am Beginn einer Mahlzeit in Erinnerung zu rufen, dass wir unser Gericht essen möchten und nicht unsere Gedanken. Wir üben es, mit voller Aufmerksamkeit zu essen. Es wird nicht gedacht, wir achten einfach auf das Essen und die Menschen um uns herum.

Es geht aber nicht darum, überhaupt nicht mehr zu denken oder unsere Gedanken zu unterdrücken. Es geht darum, dass wir uns etwa beim Gehen eine Pause vom Denken gönnen, während wir aufmerksam unsere Schritte und Atemzüge verfolgen. Sollte es wirklich etwas geben, was bedacht werden muss, bleiben wir stehen und wenden uns ganz der Überlegung zu.

Das achtsame Gehen und Atmen lässt uns die Wunder des Lebens ringsum bemerken und unser zwanghaftes Denken wird ganz von selbst ruhiger werden. Aus dem Staunen über all die Wunder, die für uns verfügbar sind, wird Glück. Der Vollmond am Himmel ist so gut wie nicht vorhanden, wenn wir mit unseren Gedanken beschäftigt sind. Aber wenn unsere Aufmerksamkeit beim Mond ist, kommt unser Denken wie von selbst zur Ruhe – jedenfalls besteht kein Anlass, uns schimpfend oder gewaltsam das Denken zu verwehren.

Nicht sprechen, das allein kann schon deutlich mehr Frieden schaffen. Wenn wir uns dann auch noch die Wohltat des inneren Schweigens gönnen, finden wir in dieser Stille wunderbare Leichtigkeit und Freiheit.

Die Aufmerksamkeit von unseren Gedanken abzuziehen, um zu dem zurückzukehren, was tatsächlich gerade geschieht – das ist eigentlich die Hauptpraxis der Achtsamkeit. Es ist jederzeit und überall möglich und macht das Leben so viel erfreulicher. Beim Kochen, während der Arbeit, ja beim Zähneputzen, Wäschewaschen oder Essen verspricht das Abschalten unseres Denkens und Sprechens immer einen erfrischenden Hochgenuss.

Wahre Achtsamkeit verlangt nicht unbedingt Meditation oder überhaupt etwas an formeller Praxis. Sie verlangt nur einen tiefen Blick und innere Stille. Ohne das richten wir nichts gegen die in uns wirksamen Energien der Gewalt, der Angst, der Feigheit und des Hasses aus.

Wenn es in unserem Geist hektisch und laut zugeht, bleibt äußere Ruhe unecht. Finden wir jedoch innerlich Raum und Ruhe, strahlen wir ganz selbstverständlich und ungezwungen Frieden und Freude aus. Dann können wir auch anderen helfen und ohne ein einziges Wort ein heilsames Umfeld bieten.

Der Raum, in dem Träume wahr werden

Manchmal hängen wir uns an großartige, aber letztlich gegenstandslose Träume, vielleicht weil wir so sehr von den Dingen des Alltags in Anspruch genommen werden, dass wir die Verwirklichung unserer wahren Träume gar nicht mehr für möglich halten. Tatsächlich ist es aber so, dass wir uns hier, mitten in diesem Alltag, mit jedem Schritt und jedem Atemzug der Verwirklichung unserer tiefsten Träume annähern können. Versteifen wir uns dagegen auf die vorgefertigten Träume, die überall feilgeboten werden, immer in der Überzeugung, dass diese oder jene Trophäe alles ist, was wir erwarten können, dann vergeuden wir die kostbare Zeit, die uns zum Leben und Lieben gegeben ist, an Ziele, die keinen wirklichen Sinn haben. Manch einer verkauft sein ganzes Leben an dergleichen Dinge.

Vielen geht das erst auf, wenn sie alt sind oder sterben. Plötzlich stellt sich die Frage, was all die Jahre stressvollen Rackerns eigentlich erbracht haben. Vielleicht sind die

Leute Opfer ihres eigenen Erfolgs geworden, haben Reichtum und Ruhm errungen, aber sind nie dazu gekommen, das Leben zu genießen und den Menschen, die ihnen etwas bedeuten, wirklich nahe zu sein. Sie mussten jeden Tag auf Trab sein, um den erreichten Status zu halten.

Beim Glück ist das anders. Niemand kann Opfer seines Glücks werden. Wer einmal beschlossen hat, der Spur seines Glücks zu folgen, wird außerdem wahrscheinlich feststellen, dass er auch mehr Erfolg hat. Wichtig ist aber zu wissen, worauf man wirklich im Tiefsten aus ist. Es gibt Leute, die Achtsamkeit üben möchten, um geschäftlich oder beruflich erfolgreicher zu sein – nicht um glücklicher zu werden und anderen helfen zu können. Ich werde auch oft ganz direkt gefragt: »Können wir mit der Achtsamkeitspraxis mehr Geld verdienen?«

Da kann ich nur antworten: Echte Achtsamkeitsübung wird niemals Schaden anrichten, aber wenn sie uns nicht mitfühlender macht, ist es nicht das, was im Buddhismus »rechte Achtsamkeit« genannt wird. Wer das Gefühl hat, dass es mit der Verwirklichung seiner Träume nicht vorangeht, wird vielleicht überlegen, wie er noch mehr tun oder noch schlauere Strategien fahren kann. Aber vielleicht braucht er in Wirklichkeit weniger – weniger Lärm von innen und außen, damit ein Raum entsteht, in dem die wahren Vorhaben des Herzens keimen und blühen können.

ÜBUNG

Anhalten und loslassen

Anzuhalten bringt Körper und Geist wieder zusammen und führt sie zurück ins Hier und Jetzt. Nur im Anhalten sind Ruhe und Konzentration zu verwirklichen und nur dann begegnen Sie wirklich dem Leben. Sie sitzen still da, Körper und Geist tun nichts mehr und es entsteht eine innere Stille, die Ihnen etwas fest Gefügtes und Konzentriertes gibt und den Geist klar werden lässt. Jetzt sind Sie so weit, dass Sie bewusst alles wahrnehmen, was in Ihnen und in Ihrer Umgebung vor sich geht.

Stoppen Sie zunächst einmal das Herumrennen des Körpers. Wenn er zur Ruhe gekommen ist und Sie nur noch auf die Atembewegungen achten müssen, tun Sie sich wesentlich leichter, das gewohnheitsmäßig hohe Tempo Ihres Geistes zu drosseln. Das gelingt nicht unbedingt sofort und verlangt sicher ein wenig Übung.

Sobald Sie das beherrschen – den Geist anzuhalten, wenn der Körper ruhig geworden ist –, werden die Bewegungen des Körpers Ihre innere Stille nicht mehr stören. Sie verfolgen dann aufmerksam die Abstimmung Ihres Atems auf alle übrigen Bewegungen, die der Alltag verlangt. Sie leben wach und bewusst und nicht mehr unbewusst wie bisher.

Ihre Gedanken sind wie alles in dieser Welt vergänglich. Ein Gedanke stellt sich ein, und wenn Sie ihn nicht festhalten, verweilt er ein wenig und vergeht dann wieder.

Wenn Sie sich an Gedanken und Wünsche klammern – Reichtum, Ruhm, sinnliche Lust –, kann ein Begehren entstehen, das Sie nicht mehr von diesen Gedanken loskommen lässt. Dadurch geraten Sie leicht auf für Sie selbst und andere leidvolle Abwege. Wenn Sie jedoch Ihre Gedanken und Wünsche bewusst wahrnehmen und sie kommen und gehen lassen, bleibt Ihnen Spielraum, um gut für sich selbst zu sorgen und sich auf das zu besinnen, was Sie in der Tiefe wirklich möchten

Erweitern Sie die folgende geführte Meditation um eigene Zeilen, wenn Sie möchten.

Beim Einatmen nehme ich meine Gedanken
bewusst wahr.
Beim Ausatmen ist mir ihre Unbeständigkeit
bewusst.
(Gedanken. Unbeständigkeit.)

Beim Einatmen nehme ich meinen Wunsch nach
Reichtum wahr.
Beim Ausatmen weiß ich um die Unbeständigkeit
des Reichtums.
(Wunsch nach Reichtum. Unbeständigkeit.)

Beim Einatmen weiß ich, dass das Verlangen nach
Reichtum Leid mit sich bringen kann.
Beim Ausatmen lasse ich los vom Verlangen.
(Wissen um das Verlangen. Loslassen.)

Beim Einatmen weiß ich um mein Verlangen nach sinnlichen Freuden.
Beim Ausatmen weiß ich, dass sinnliche Freuden ihrer Natur nach unbeständig sind.
(Wissen um sinnliches Verlangen. Unbeständigkeit.)

Beim Einatmen sind mir die Gefahren des Verlangens nach sinnlicher Lust bewusst.
Beim Ausatmen lasse ich mein sinnliches Verlangen los.
(Wissen um das Verlangen. Loslassen.)

Beim Einatmen erwäge ich das Loslassen.
Beim Ausatmen erfahre ich die Freude des Loslassens.
(Das Loslassen erwägen. Freude.)

Donnernde Stille

Man könnte es die kollektive Krankheit unserer Zeit nennen, dieses ständige Bedürfnis, uns mit irgendetwas zu füllen. Der Markt stellt uns jederzeit gern alles bereit, womit wir uns füllen können. Dazu hämmert uns die Werbung ein, uns nur ja nicht ohne diesen oder jenen Schnickschnack erwischen zu lassen, der gerade als Must-have ausgeschrien wird. Aber vieles, was wir konsumieren, ist im buchstäblichen wie im übertragenen Sinne mit Giftstoffen belastet, Nahrungsmittel ebenso wie sinnliche Erfahrungen. Nach einer ganzen Tüte Chips fühlen wir uns nicht unbedingt blendend, und nach einigen Stunden mit Videospielen oder in den sozialen Medien geht es uns nicht anders. Solcher Konsum dient dem Zweck, unangenehme Gefühle auszublenden oder zu übertönen, aber anschließend sind wir eher noch einsamer, wütender und verstörter.

Hören wir also auf, uns selbst mit diesem zwanghaften Konsum auszuweichen. Natürlich brauchen wir unser Telefon und natürlich müssen wir auch das Internet benutzen. Keine Frage auch, dass Sinnesnahrung ebenso notwendig ist wie essbare Nahrungsmittel. Aber wir könnten sicher bewusster und intelligenter bei der Wahl unserer Sinnesnahrung sein und auch wissen, weshalb wir sie gerade zu uns nehmen möchten.

Viele Menschen sind ständig auf der Jagd nach irgendetwas Neuem und checken mehrmals am Tag den E-Mail-Eingang, auch wenn da nichts zu finden ist. Wenn wir uns etwas wirklich Neues gönnen möchten – ein Gefühl von Frische, von Glück, von Leichtigkeit –, gibt es nichts Besseres, als in uns einen Raum zu schaffen, in dem wir Achtsamkeit üben können.

Loslassen

Viele Zen-Meister haben schon gesagt, dass es bei der Achtsamkeitsmeditation vor allem auf das Nicht-Denken ankommt. Meditation heißt ja auch nicht, dass man still dasitzt und denkt! Wenn das Denken überhandnimmt, verlieren Sie den Kontakt zu Ihrem Körper und Ihrer ganzheitlichen Wahrnehmung. Wir Menschen klammern uns gern fest an unsere Gedanken und Ideen, an unsere Emotionen. Wir halten sie für real, wir glauben, wir würden unsere Identität aufgeben, wenn wir von ihnen ablassen.

Wie die allermeisten Menschen gehen Sie vermutlich davon aus, dass noch irgendwelche Bedingungen erfüllt sein müssen, bevor Sie glücklich sein können. Das kann ein Diplom sein, eine Beförderung, eine Gehaltserhöhung, eine Beziehung. Aber gerade diese Sicht der Dinge hält Sie womöglich davon ab, glücklich zu sein. Um sich von dieser Vorstellung zu lösen, damit Raum für wahres Glück entsteht, müssen Sie erst einmal die Wahrheit akzeptieren, dass dieses Denken für Sie mit Leid verbunden ist. Vielleicht haben Sie zehn oder zwanzig Jahre so gedacht und nie bemerkt, dass Ihre natürliche Fähigkeit zum Glücklichsein deshalb nicht zum Zuge kommen kann.

In einer Nacht sah ich mich im Traum als Universitätsstudenten. Ich war da schon einundsechzig, aber im Traum sah ich mich als jungen Studenten, einundzwanzig Jahre alt. Ich war gerade zum Kurs eines sehr angesehenen Professors zugelassen worden, bei dem sich alle um Plätze bewarben. Es begeisterte mich, dass ich zu den Glücklichen gehörte, und ich ging gleich in das Sekretariat dieses Professors, um mich nach dem Hörsaal zu erkundigen. Während ich noch diese Frage stellte, kam jemand herein, der genau wie ich aussah. Die Farbe der Kleidung, das Gesicht, alles war völlig gleich. Ich staunte. War er ich oder war er nicht ich? Ich erkundigte mich bei der Sekretärin, ob dieser junge Mann auch zum Kurs zugelassen war. Die Antwort lautete: »Nein, auf keinen Fall. Sie schon, aber er? Nein.«

Der Kurs begann am gleichen Vormittag im obersten Stockwerk des Gebäudes. Ich beeilte mich, um nur ja nicht zu spät zu kommen, und auf halbe Strecke stellte ich mir laut die Frage: »Was für ein Thema hat dieser Kurs überhaupt?« Jemand in der Nähe sagte: »Musik.« Das überraschte mich sehr, denn ich studierte gar nicht Musik.

Schon an der Tür sah ich, dass hier eine riesige Menschenmenge versammelt war, sicher über tausend Leute. Durch die Fenster erblickte ich eine wunderschöne Landschaft mit schneebedeckten Bergen, darüber den Mond und die Sterne. Ich war ganz ergriffen von dieser Schönheit. Dann jedoch, kurz vor dem Eintreten des Professors, wurde mir eröffnet, ich sei als Erster an der Reihe und ich hätte ein Musikstück zu präsentieren. Ich war völlig verstört, ich hatte keine Ahnung von Musik.

Ich stöberte in meinen Taschen nach etwas, was mir vielleicht helfen konnte, und tastete etwas Metallenes. Ich zog es heraus. Es war eine kleine Glocke. »Ah«, sagte ich mir, »das ist Musik. Ein Musikinstrument. Ich kann einen Vortrag über die Glocke halten, doch, das kann ich.« Ich war bereit, konzentrierte mich, just in dem Moment kündigte jemand das Eintreten des Professors an – und ich wachte auf. Das fand ich sehr schade. Wäre der Traum nur zwei, drei Minuten weitergegangen, hätte ich diesen berühmten und von allen verehrten Professor gesehen.

Ich versuchte mich nach dem Aufwachen an die Einzelheiten des Traums zu erinnern, um seine Bedeutung erfassen zu können. Ich gewann den Eindruck, dass mein Doppelgänger im Sekretariat vielleicht noch an bestimmten Anschauungen festhielt und für die Zulassung zu dieser Lehrveranstaltung nicht frei genug war. Vielleicht handelte es sich um einen früheren Teil meiner selbst, den ich zurückgelassen hatte, als ich zu Einsichten kam, durch die ich mein Haften an Anschauungen überwand.

Loslassen heißt immer, dass *etwas* losgelassen wird. Dieses Etwas, an dem wir festhalten, kann einfach eine Ausgeburt unseres Geistes sein, eine trügerische Wahrnehmung von etwas und nicht die Realität. Alle Dinge sind Gegenstände unseres Geistes und von unserer Wahrnehmung gefärbt. Man macht sich eine Vorstellung von etwas und meint dann, es sei wirklich so. Es kann eine beängstigende Vorstellung sein, so schlimm, dass einem ganz elend wird. Vielleicht ist es eine Vorstellung, die Sie unglücklich macht oder lauter Sorgen auslöst – und Sie möchten so gern frei sein. Aber es genügt nicht, dass Sie frei sein *möchten*. Sie müssen sich den Raum und die Ruhe schaffen, worin Sie frei sein können.

Manchmal müssen wir uns einfach ein wenig mehr Zeit nehmen, um eine Vorstellung oder Gefühlsregung tief zu betrachten und ihre Wurzeln zu finden. Sie kam schließlich irgendwo her, vielleicht ist sie in unserer Kindheit oder sogar vor unserer Geburt entstanden. Haben wir die Ursprünge einer Vorstellung oder eines Gefühls erkannt, können wir uns nach und nach davon lösen.

Dazu müssen wir zunächst das Denken anhalten, wir müssen zum Atem zurückkehren, damit Körper und Geist Ruhe finden können. Dadurch ergibt sich mehr Raum und Klarheit und wir können die Vorstellung oder Gefühlsregung erkennen und benennen, um sie dann mit einem Gruß zu entlassen.

Rechtes Denken: Antworten finden, ohne zu denken

Nicht dass wir überhaupt nicht denken dürften. Neulich wurde ich von einer Nonne gefragt: »Ich habe mit so vielen schwierigen Dingen umzugehen, wenn ich da nicht denken kann, wie soll ich dann Lösungen finden?« Machen wir uns bewusst, dass nur »rechtes Denken« wirklich nützlich ist. Rechtes Denken bringt gute Früchte hervor. Im Allgemeinen sind 90 Prozent oder mehr unserer Gedanken kein rechtes Denken, sie drehen uns im Kreis herum und führen nirgendwohin. Je mehr wir so denken, desto fahriger und ratsloser werden wir in Geist und Körper. Solches Denken löst keine Probleme.

Rechtes Denken erfordert Achtsamkeit und Konzentration. Nehmen wir irgendein Problem, das es zu lösen gilt. Mit dem falschen Denken dauert es länger, zu einer brauchbaren Lösung zu finden. Daher sollten wir unser Geist-Bewusstsein einfach mal pausieren lassen und dem Speicherbewusstsein die Suche nach einer Lösung anvertrauen. Wir halten uns intellektuell und emotional zurück und vertrauen diese Frage oder diese Herausforderung unserem Speicherbewusstsein an – wie wir Samen, die wir säen, letztlich der Erde und dem Himmel anvertrauen müssen. Unser denkender Verstand, das Geist-Bewusstsein, ist nicht der Erdboden, sondern nur die Hand, die den Samen in die Erde bringt und durch achtsamen Umgang mit allen Dingen des Tages für die Pflege sorgt. Unser Speicherbewusstsein ist der fruchtbare Boden, in dem der Same keimen kann.

Haben wir den Samen dem Boden unseres Speicherbewusstseins anvertraut, brauchen wir ein wenig Geduld. Unser Speicherbewusstsein arbeitet, während wir schlafen. Auch beim Gehen und Atmen ist es tätig, sofern wir es nicht mit unserem Denken stören. Und eines Tages ist die Lösung da, weil wir nicht bei unserem denkenden Geist, sondern bei unserem Speicherbewusstsein Zuflucht gesucht haben.

Üben wir uns also in der meditativen Haltung, in der wir unsere Fragen und Probleme dem Speicherbewusstsein anvertrauen. Wir können das mit Zuversicht tun und mit unserer Achtsamkeit und Konzentration sorgen wir für die Bewässerung der Samen und die Bodenbearbeitung. Am nächsten Tag oder nach einigen Tagen sprießt eine Lösung und wir bezeichnen dies als einen Augenblick des Erwachens, als einen erleuchteten Augenblick.

Wahre Stille: die höhere Qualität, die Essenz der Stille

Wenn wir uns von Ideen, Gedanken und Konzepten lösen, entsteht Raum für unseren wahren Geist. In unserem wahren Geist ist nichts von all den Worten und Ansichten. Er ist still und so viel weiter als unser begrenzter denkender Verstand. Nur wenn der Ozean still und ruhig ist, können wir sehen, wie der Mond sich darin spiegelt.

Stille kommt letztlich aus dem Herzen und hat wenig mit äußeren Umständen zu tun. Ein Leben aus der Stille bedeutet nicht, dass wir nie sprechen, auf nichts eingehen und nichts tun. Stille bedeutet einfach Schweigen: Wir sind nicht aufgewühlt und es findet kein ununterbrochenes Plappern in uns statt. Im wahren Schweigen spielt es keine Rolle, was sich um uns herum abspielt, wir finden uns immer im wunderbar weiten Raum der Stille.

Manchmal glauben wir still zu sein, weil ringsum nichts zu hören ist. Bevor wir allerdings nicht unseren Geist beruhigt haben, geht das Gerede in unserem Kopf weiter. Das ist keine wahre Stille. In unserer Praxis bemühen wir uns zu lernen, wie wir auch im Tun Stille finden können. Es geht darum, dass Sie Ihr Denken und Ihr Schauen ändern.

Sich zum Essen hinzusetzen kann eine schöne Gelegenheit sein, sich das Geschenk des kostbaren Schweigens zu machen. Andere ringsum mögen sich unterhalten, aber Ihnen steht es frei, sich von der Gewohnheit des Denkens zu lösen und innerlich ganz still zu sein. Mitten im Gewühl können Sie in wohltuender Stille, ja sogar für sich allein sein.

Vergegenwärtigen Sie sich, dass Stille aus dem Herzen kommt und mehr ist als die Abwesenheit des Redens.

Wie innere Stille keiner äußeren Stille bedarf, bedeutet Alleinsein nicht unbedingt, dass außer Ihnen niemand zugegen ist. Was Alleinsein wirklich bedeutet, wird sofort klar, wenn Sie ganz im Hier und Jetzt verankert sind und bewusst wahrnehmen, was gerade geschieht. In der Achtsamkeit werden Sie auf jedes Ihrer Gefühle, jede Wahrnehmung aufmerksam. Sie bekommen mit, was um Sie her geschieht, aber Sie bleiben auch in sich selbst vollkommen präsent, Sie verlieren sich nicht in das, was außen geschieht. Das ist wahres Alleinsein.

Frohe Stille, lastendes Schweigen

Schweigen, bei diesem Wort fällt uns vielleicht manchmal die Wendung »zum Schweigen bringen« ein – etwa wenn Diktatoren die Redefreiheit beschneiden, Erwachsene Kindern über den Mund fahren, wenn es heißt, Kinder sollten gesehen, aber nicht gehört werden, oder wenn bestimmte Dinge in einer Familie nicht angesprochen werden dürfen. Das wird dann ein unbehagliches Schweigen, das alles nur noch schlimmer macht.

Sicher kennt manch einer von uns dieses gezwungene Schweigen in der eigenen Familie. Wenn Eltern streiten, herrscht hinterher manchmal ein gedrücktes Schweigen, unter dem die ganze Familie leidet. Wenn alle verärgert oder besorgt sind, kann das Schweigen die allgemeine Verärgerung oder bange Sorge nur verschlimmern. Diese gespannte, gleichsam schwelende Stille hat etwas sehr Ungutes. Wir halten sie nicht lange aus. Sie tut weh und bringt uns regelrecht um.

Ganz anders das bewusst gewählte Schweigen. Wenn wir zusammen sitzen und atmen, uns dem Raum öffnen, der immer in uns vorhanden ist, und eine entspannte Atmosphäre von Frieden und Freude entstehen lassen, kann die kollektive Energie der Stille etwas sehr Heilsames und Nährendes sein.

Nehmen wir an, Sie sitzen irgendwo draußen und genießen die Sonne, die wunderschönen Bäume, das Gras und die überall sprießenden kleinen Wiesenblumen. Sie sitzen behaglich im Gras und atmen ganz ruhig, und jetzt hören Sie den Gesang der Vögel, die Musik und das Spiel des Windes in den Baumkronen. Sogar in der Stadt hören Sie die Vögel und den Wind. Können Sie dazu noch das Karussell der Gedanken anhalten, werden Sie nicht so bald wieder zu irgendeiner achtlosen Form des Konsums übergehen müssen, um unbehagliche Gefühle zu übertönen. Sie hören einen Klang, Sie lauschen, Sie freuen sich daran. In Ihrem Lauschen sind Frieden und Freude, Ihr Schweigen ist kraftvoll. Ein Schweigen dieser Art ist dynamisch und aufbauend, kein unterdrückendes Schweigen.

Im Buddhismus bezeichnen wir solche Stille als »donnernd«. Sie ist beredt und voller Energie. Bei unseren Retreats praktizieren manchmal Tausende gemeinsam das schweigende Ein- und Ausatmen. Wenn Sie dergleichen schon einmal erlebt haben, wissen Sie, von welcher Kraft das gemeinsame, in Freiheit und Absichtslosigkeit geteilte Schweigen sein kann.

Ist Ihnen schon einmal aufgefallen, dass sogar Kinder, auch sehr kleine Kinder, mitunter die Stille genießen können? Das kann sehr entspannend sein. In Plum Village essen und gehen Kinder aller Altersstufen schweigend zusammen und es macht ihnen viel Freude. In unserem Retreatzentrum wird nicht ferngesehen und wir spielen keine Videospiele. Einer meiner kleinen Freunde war außer sich und tobte auf dem ganzen Weg, als er das erste Mal nach Plum Village kam. Er war acht Jahre alt und mit seinen Eltern im Auto aus Paris gekommen. Nun waren sie da und er weigerte sich, den Wagen zu verlassen, weil er wusste, dass es dann eine volle Woche lang kein Fernsehen und keine Videospiele geben würde. Er überlebte die Zeit dann mühelos, freundete sich mit anderen Kindern an und wollte am Schluss gar nicht mehr weg. Jetzt kommt er jedes Jahr mit seinen Eltern und freut sich immer darauf. Dieses Jahr wird er sechzehn.

Edles Schweigen

Bewusstes, absichtsvolles Schweigen wird im Buddhismus »edel« genannt. Viele verbinden Schweigen mit Ernst, aber das edle Schweigen hat eine besondere Leichtigkeit. Es ist ein Schweigen, das so guttut wie fröhliches Lachen. Das edle Schweigen gibt uns die Möglichkeit zu erkennen, wie sich unsere Gewohnheitsenergie in Bezug darauf manifestiert, wie wir auf Menschen und Situationen in unserer Umgebung reagieren.

Manche fassen den Entschluss, eine Woche oder zwei zu schweigen, auch drei Monate Schweigen und mehr sind keine Seltenheit. In so langem Schweigen gewinnen wir die Freiheit, auf Situationen aller Art anders zu reagieren als früher. Dieses Schweigen hat die Kraft zu heilen, auch deshalb wird es edel genannt. Edles Schweigen bedeutet aber mehr, als lediglich nicht zu sprechen. Wir bringen auch unser Denken zur Ruhe, wir schalten Radio NSD einfach ab.

Bei anderen kann man das edle Schweigen an ihrem Verhalten erkennen. Wenn jemand wortkarg ist, heißt das noch lange nicht, dass er schweigt. Vielleicht ist dieser Mensch nur anderswo und nicht wahrhaft präsent, nicht erreichbar, nicht für das Leben, nicht für sich selbst und nicht für andere. Bei anderen ist es so, dass ihr Schweigen Bände spricht, selbst wenn ihr Mund geschlossen ist. Sie kennen das vielleicht, dass jemand zwar nichts zu Ihnen sagt, aber deutlich zu erkennen gibt, dass er etwas an Ihnen auszusetzen hat. Das ist kein edles Schweigen; edles Schweigen erkennen Sie daran, dass es Verständnis und Mitgefühl ausstrahlt. Seien Sie sich dessen bewusst, dass Sie möglicherweise auch bei äußerem Schweigen innerlich stark reagieren und man es Ihnen anmerkt, wenn man Ihren Gesichtsausdruck sieht.

Eine tiefe Form der Praxis kann darin bestehen, dass Sie achtsam atmen und dabei bewusst das Echo wahrnehmen, dass die Menschen und Ereignisse ringsum in Ihnen auslösen. Sie reagieren nicht, Sie denken nicht einmal, Sie lassen sich einfach *sein*. Sie bleiben achtsam bei Ihrem

Atem, Ihren Schritten, den Bäumen, den Blumen, dem blauen Himmel und dem Sonnenschein.

Sie können selbst bestimmen, worauf Sie Ihre Aufmerksamkeit richten – und was Sie folglich sind. Sie können Ihr Einatmen und Ausatmen sein. Sie können mit Ihrem ganzen Wesen dem Geräusch des Regens und des Windes lauschen, und in gewissem Sinne sind Sie dann eins mit dem Wind oder dem Regen. Dieses Lauschen kann Sie sehr froh machen. Jedenfalls *sind* Sie in dieser erfrischenden und heilenden Verbundenheit mit den Elementen, Sie denken nicht.

Wenn Sie mit dieser Übung irgendwo draußen unterwegs sind und Autohupen oder Geschrei hören oder etwas Unerfreuliches sehen, können Sie gelassen und mitfühlend reagieren. Bei Provokationen jeglicher Art halten Sie Ihr edles Schweigen lebendig, Sie bleiben gefasst und in Frieden.

Handeln in Stille

Für manche haben Stille und Schweigen etwas von Schwäche, als bedeuteten sie einen Rückzug von der Welt. Aber in der Stille liegt große Kraft. In einem berühmten buddhistischen Text, dem Lotos-Sutra, gibt es ein Kapitel, das von einem Bodhisattwa handelt, einem Wesen von großem Mitgefühl namens König der Medizin. Im Mahayana-Buddhismus werden die Bodhisattwas als Arme und Hände des Buddha betrachtet, und jeder Bodhisattwa steht für eine bestimmte Form des Handelns. Der Legende nach trug der König der Medizin in einem früheren Leben den Namen »Den jeder mit Freude sieht«. Wir begegnen ja manchmal solchen Menschen, die jeder gern sieht. Es kann ein Erwachsener oder ein Kind sein, jedenfalls ist es ein so wunderbarer, frischer und angenehmer Mensch, dass jeder sich freut, ihm zu begegnen.

Der König der Medizin ist ein Bodhisattwa der Hingabe und Liebe. Ist Liebe für unsere Praxis der Erleuchtung wichtig? Ja, ganz gewiss. Liebevolle Zuwendung ist für die Entwicklung eines Kindes entscheidend, und wo Erkenntnis und Verstehen wachsen sollen, muss ebenfalls Liebe gegeben sein. Ein Säugling wächst in der liebenden Fürsorge seiner Mutter auf, und die Entwicklung unserer Praxis beruht auf der Gegenwart liebevoller Menschen, vor allem unseres Lehrers und anderer, die mit uns praktizieren. Liebe sorgt dafür, dass wir wachsen und uns weiterentwickeln.

Der Bodhisattwa König der Medizin entwickelte sich spirituell so gut, dass er zu Freiheit und tiefer Einsicht kam. Er identifizierte sich nicht mehr ausschließlich mit seinem Körper, sondern wurde Meister einer Form der Konzentration, die ihm erlaubte, in Körpern jeglicher Art zu erscheinen. Erforderte die Lage, dass er als Kind auftrat, so wurde er ein Kind. Musste er als Frau erscheinen, nahm er die Gestalt einer Frau an. In jede Rolle und Gestalt konnte er schlüpfen, auch in die eines Kaufmanns. Er glaubte nicht mehr, dass der Körper, in dem er lebte, sein Körper sei, und deshalb konnte er sich mühelos von ihm lösen.

Der König der Medizin sah, dass großes Leid, große Armut und große Grausamkeit in der Welt herrschten. Da brachte er sich selbst als Opfer dar, er übergoss sich mit duftendem Öl, zündete es an und ließ sich vom Feuer verzehren. Aber der Körper des Bodhisattwas König der Medizin brannte Millionen von Jahren und in dieser Zeit brachte er den Menschen eine Unterweisung. Alle, die ihn sahen, erkannten, von welcher Opferbereitschaft er war.

Sicher haben Sie von den vietnamesischen Mönchen gehört, die sich in den kriegerischen Zeiten der Sechzigerjahre, insbesondere während der Buddhistenverfolgungen in Vietnam selbst verbrannten. Vorbild war das genannte Kapitel des Lotos-Sutras. Menschen, die sich nicht mit ihrem Körper identifizieren, bedienen sich seiner mitunter, um eine Botschaft zu übermitteln. Die Mönche, die sich als Brandopfer darbrachten, wollten damit die denkbar nachdrücklichste Aussage machen, denn die Rufe der Leidenden und Hilfsbedürftigen waren bis dahin ungehört verhallt. Die Mönche sagten ohne Worte etwas über Unterdrückung, Diskriminierung und Leid in Vietnam. Sie machten ihren Körper zur Fackel, damit niemand mehr über die Missstände hinwegsehen konnte.

Solange Sie glauben, Sie seien dieser Körper und würden mit ihm untergehen, sind Sie nicht frei und ein Selbstopfer wäre undenkbar. Erst wenn Sie sich in allen Gestalten erkennen können, besitzen Sie Freiheit und Weisheit, und nur dann könnten Sie sich als lebende Fackel opfern.

Der erste Mönch, der sich 1963 selbst verbrannte, hieß Thich Quang Duc, was wörtlich so viel wie »große Tugend« bedeutet. Ich kannte ihn. Er war ein liebevoller Mensch. Als junger Mönch hielt ich mich in seinem Kloster in Saigon auf. Damals gab ich eine buddhistische Zeitschrift heraus und studierte andere spirituelle Traditionen. Thich Quang Ducs Kloster besaß eine Zeitschriftensammlung, die ich für meine Studien verwenden durfte.

In Briefen rief er den Präsidenten Südvietnams immer wieder zur Beendigung der Buddhistenverfolgungen auf. Er gehörte einer Vereinigung von Ordensleuten und Laien an, die den gewaltfreien Widerstand gegen das zunehmende Blutvergießen organisierten. Am 11. Juni 1963 ließ sich Thich Quang Duc im himmelblauen Austin seines Klosters auf eine verkehrsreiche Kreuzung in Saigon fahren, wo er sich mit Benzin übergoss und in vollendeter Lotoshaltung hinsetzte. Dann zündete er ein Streichholz an. Schon fünf Stunden später war das Bild seiner brennenden Gestalt auf dieser Kreuzung um die ganze Welt gegangen und jedermann wusste um die Leiden der Menschen in Vietnam. Im November des gleichen Jahres wurde das Regime durch einen Militärputsch gestürzt, die Diskriminierung und Verfolgung der Buddhisten fand ein Ende.

Ich gab an der Columbia University in New York einen Kurs über buddhistische Psychologie, als ich durch die *New York Times* von Thich Quang Ducs Tod erfuhr. Viele fragten mich: »Verstößt das nicht gegen das buddhistische Gebot, nicht zu töten?« Ich schrieb einen Brief an Martin Luther King, in dem ich darlegte, weshalb es sich eigentlich nicht um einen Selbstmord handelte. Wer Selbstmord begeht, ist verzweifelt und möchte nicht mehr leben. Das war bei Thich Quang Duc ganz und gar nicht der Fall. Er lebte gern, er wollte seine Freunde und alle Wesen am Leben sehen. Er liebte das Leben. Aber er war frei genug, seinen Körper darzubieten und mit diesem spektakulären Tod zu sagen: »Wir leiden, wir brauchen eure Hilfe.« Sein großes Mitgefühl erlaubte ihm, vollkommen still und gesammelt im Feuer zu sitzen. In meinem Brief an Martin Luther King erwähnte ich auch, dass Jesus, als er am Kreuz starb, das Wohlergehen anderer im Sinn hatte – er starb nicht aus Verzweiflung, sondern weil er helfen wollte. Und so war es bei Thich Quang Duc ebenfalls. Er handelte nicht aus Verzweiflung, sondern aus Liebe und Hoffnung. Er setzte seinen Körper ein, um eine verzweifelte Lage zum Besseren zu wenden.

Es war also ein Opfer. Thich Quang Duc und der Bodhisattwa König der Medizin brachten durch die Selbstverbrennung nicht nur ihren Körper dar, sondern ihren unerschütterlichen Entschluss, den Lebewesen zu helfen, und so gelang es ihnen, eine unvergessliche Aussage zu machen und sie ohne Worte zu verbreiten.

Ich erzähle das nicht, um Sie zu solchen drastischen Maßnahmen zu animieren, ich gebe Ihnen lediglich Beispiele für die Kraft des wortlosen Handelns. Wir alle kennen Dinge, die wir gern ändern oder von denen wir andere gern überzeugen würden. Wenn es um so etwas bei Ihrer Arbeit oder in einer Beziehung geht und Sie mit Gesprächen bisher keinen Erfolg hatten, dann denken Sie auch einmal an die Kräfte, die im stillen Handeln liegen können.

ÜBUNG

Lächeln als Heilung

Wenn Ihr Alltag voller Hetze, Lärm und Wirrwarr ist, vergessen Sie leicht all das Heilsame und Stärkende ringsum, zum Beispiel die frische Luft, die Sonne, die Bäume.

Die folgende Übung können Sie jederzeit und überall machen. Sie brauchen nur einen Platz, an dem es Ihnen angenehm ist, zu atmen, sich zu entspannen und zu lächeln. Ein leichtes Lächeln entspannt die gesamte Gesichtsmuskulatur und lässt Geist und Körper aufatmen. Sagen Sie also nicht nur »Lächeln«, wenn das Wort im Übungstext auftaucht, sondern lächeln Sie wirklich. Sie können auch weitere Zeilen anfügen, die Sie als wohltuend empfinden.

Regenerieren Sie sich durch den bewussten Kontakt mit allem Heilsamen ringsum. Fördern Sie ruhig auch erholsame Bilder aus Ihrem Speicherbewusstsein zutage. Sollten Sie sich beispielsweise mitten in einer lärmenden Großstadt aufhalten, können Sie sich in Erinnerung rufen, wie es am Meer oder in den Bergen ist.

Beim Einatmen nehme ich die Luft wahr.
Beim Ausatmen erfreue ich mich am Atmen.
(Die Luft wahrnehmen. Freude.)

Beim Einatmen nehme ich die Sonne wahr.
Beim Ausatmen lächle ich der Sonne zu.
(Sonne wahrnehmen. Lächeln.)

Beim Einatmen nehme ich die Bäume wahr.
Beim Ausatmen lächle ich den Bäumen zu.
(Bäume wahrnehmen. Lächeln.)

Beim Einatmen nehme ich die Kinder wahr.
Beim Ausatmen lächle ich den Kindern zu.
(Kinder wahrnehmen. Lächeln.)

Beim Einatmen nehme ich die Landluft wahr.
Beim Ausatmen lächle ich der Landluft zu.
(Landluft. Lächeln.)

Oft essen wir hastig oder nehmen uns nicht einmal die Zeit, uns zum Essen hinzusetzen. Falls das bei Ihnen so ist, machen Sie sich bitte die Freude, achtsam wie ein Mensch zu essen und nicht wie ein Roboter. Setzen Sie sich zur Mahlzeit hin, lassen Sie sich ankommen. Spüren Sie Ihr Gewicht auf dem Stuhl (oder Boden), lassen Sie das Denken ruhig werden, vergegenwärtigen Sie sich das Essen und seine Herkunft. Erde, Sonne, Regen, Arbeit und manche andere unterstützende Bedingungen kamen hier zusammen, damit das Essen jetzt vor Ihnen stehen kann. Bedenken Sie auch, wie gut es Ihnen geht in einer Welt, in der so viele hungern müssen.

Sollten Sie sich mit anderen zu einer Mahlzeit versammelt haben, nehmen Sie außer den Speisen auch diese Menschen ganz bewusst wahr. So wird ein gemeinsames Essen zu einem fröhlichen Miteinander.

Beim Einatmen nehme ich das Essen
auf meinem Teller wahr.
Beim Ausatmen bin ich froh,
dass ich etwas zu essen habe.
(Essen wahrnehmen. Frohe Dankbarkeit.)

Beim Einatmen weiß ich um die Felder.
Beim Ausatmen lächle ich den Feldern zu.
(Um die Felder wissen. Lächeln.)

Beim Einatmen weiß ich um die vielen
Voraussetzungen, die mir jetzt zu essen erlauben.
Beim Ausatmen bin ich dankbar.
(Wissen um die Voraussetzungen. Dankbarkeit.)

Beim Einatmen nehme ich die anderen wahr,
die mit mir essen.
Beim Ausatmen bin ich dankbar, dass sie da sind.
(Gemeinsam essen. Dankbarkeit.)

Tiefes Zuhören

Sehr oft sind wir so voller Gedanken, dass wir kaum noch uns selbst, geschweige denn anderen zuhören können. Unsere Eltern sagten uns und in der Schule wurde es wiederholt, dass wir uns sehr vieles merken, dass wir uns Wörter und Begriffe einprägen müssen. Irgendwann glaubten wir schließlich, diese mentale Halde sei wirklich nützlich fürs Leben. Doch beim Versuch, ernsthafte Gespräche zu führen, stellen wir dann vielleicht fest, dass wir große Mühe haben, den anderen zu verstehen oder auch nur aufzunehmen, was er oder sie sagt. Stille erlaubt uns, wirklich hinzuhören und mit Bedacht zu antworten – und das sind die beiden entscheidenden Voraussetzungen für aufrichtigen und gehaltvollen Austausch.

Oft kommen Paare, deren Beziehung schon lange besteht, zur Achtsamkeitspraxis, weil sie einander nicht mehr hören. Vielleicht sagt einer dann zu mir: »Es nützt alles nichts, sie hört mir schlichtweg nicht zu.« Oder: »Er ändert sich einfach nicht. Es ist, als würde ich gegen die Wand reden.« Aber vielleicht ist gerade der Beschwerdeführer derjenige, der in seiner eigenen Enge nicht mehr zuhören kann. Natürlich möchten wir von unserem Partner verstanden werden, doch dazu müssen wir selbst auch fähig sein, ihn oder sie zu hören.

Bei vielen ist es so, dass ihnen alles zu viel ist. Wir alle kennen das, wir finden einfach den Raum nicht mehr in uns, in dem wir den anderen wirklich hören und verstehen könnten. Vielleicht müssen wir in unserem Job viele Stunden jeden Tag ununterbrochen denken. Während dieser Stunden achten wir kaum auf unseren Atem oder sonst irgendetwas außer eben diesen Denkprozessen. Wir glauben auch, dass es so sein muss, wenn wir unser Pensum irgendwie bewältigen wollen.

Müheloses Zuhören

Vor nicht langer Zeit war eine Kinesiologin aus Paris bei mir, um sich Rat zu ihrer Arbeit zu holen. Sie wollte wissen, wie sie als Gesundheitsberaterin die besten Ergebnisse für ihre Klienten erzielen konnte.

Ich sagte: »Wenn Sie Leichtigkeit und Weite im Herzen haben, werden Ihre Worte voll tiefer Einsicht sein, und dann kommt es zu echtem, tiefem Austausch.« Auch das Folgende gab ich ihr mit:

Für die rechte Rede ist es wichtig, dass wir zuerst einen tiefen Blick in uns selbst hinein tun und den anderen uns gegenüber wirklich wahrnehmen. Dann dienen unsere Worte dem gegenseitigen Verstehen und können hüben und drüben Leiden lindern.

Natürlich gehen wir beim Sprechen von der Richtigkeit dessen aus, was wir sagen, aber manchmal sagen wir es so, dass der andere es nicht aufnehmen kann, und dann bringen unsere Worte nicht wie beabsichtigt Klarheit und Verständnis. Da müssen wir uns fragen, ob wir nur sprechen, um zu sprechen, oder wirklich mit der Absicht sprechen, dem anderen etwas Heilsames zu sagen. Mitfühlende Worte, aus Liebe und dem Wissen um unsere Verbundenheit gesprochen, sind das, was man als rechte Rede bezeichnen kann.

Wenn wir ganz schnell etwas zu antworten haben, kann es sein, dass wir nur unsere vermeintlichen Kenntnisse abspulen oder emotional reagieren. Der andere fragt oder bemerkt etwas, aber wir nehmen uns nicht die Zeit, wirklich tief zu erfassen, was er meint, sondern spielen den Ball gleich zurück oder reagieren mit einer Retourkutsche. Das führt zu nichts.

Wenn Ihnen wieder einmal eine Frage gestellt wird, antworten Sie nicht sofort. Nehmen Sie die Frage oder

Mitteilung ganz in sich auf. Das bewirkt beim anderen, dass er sich gehört fühlt. Wir alle profitieren davon, wenn wir uns das antrainieren, vor allem natürlich Menschen in den helfenden Berufen. Übung macht den Meister. Hier gilt der Grundsatz: Wer nicht tief in sich selbst hineingehorcht hat, kann auch anderen nicht wirklich zuhören.

Wenn wir leicht und frei sein und uns wohlfühlen möchten, müssen wir uns um die spirituelle Seite des Lebens kümmern. Es bedarf aber der Übung, um diesen Raum zu schaffen, in dem wir frei atmen können. Und nur wenn wir in uns diesen Raum schaffen, können wir auch für andere eine Hilfe sein. Wenn ich einen Spaziergang mache oder im Bus sitze – überall eigentlich –, ist für mich leicht zu erkennen, ob jemand diesen Raum hat oder nicht. Vielleicht sind Sie solchen offenen Menschen schon begegnet. Auch wenn Sie sie gar nicht näher kennen, fühlen Sie sich wohl in ihrer Gegenwart, weil sie so umgänglich und entspannt sind. Sie sind nicht bereits voller eigener Vorhaben.

Tun Sie diesen Raum in sich auf und Sie werden erleben, dass sogar Menschen, die Ihnen zuvor noch ausgewichen sind – Ihre pubertierende Tochter, Ihr Partner, mit dem Sie einen Streit hatten, Ihre Eltern –, jetzt Ihre Nähe suchen. Sie brauchen da nichts zu tun, Sie müssen niemandem etwas beibringen oder überhaupt etwas sagen. Sie üben für sich allein, schaffen Stille und Raum in sich, und andere werden sich von dieser offenen Weite angezogen fühlen. Die Menschen genießen Ihre Nähe, einfach um in dieser Atmosphäre zu sein.

Das sind der Nutzen und die Stärke des Nicht-Tuns. Wir hören auf zu denken, führen Geist und Körper wieder zusammen, sind wahrhaft präsent. Nicht-Tun ist aber nicht Untätigkeit oder Trägheit, sondern dynamische und schöpferische Offenheit. Wir sitzen nur da, ganz wach und sehr leicht, und wenn andere kommen und bei uns sitzen möchten, fühlen sie sich sofort ganz ungezwungen und behaglich. Wir tun nichts direkt für die anderen und doch bekommen sie eine Menge von uns.

Offenes und mitfühlendes Zuhören, das erst macht Sie zu einer wahren Freundin, einem wahren Kollegen, einer wahren Mutter, einem wahren Partner. Man muss kein Therapeut sein, um gut zuhören zu können. Tatsächlich sind viele Therapeuten keine guten Zuhörer, da sie vorwiegend mit ihren eigenen Leiden beschäftigt sind. Sie absolvieren umfangreiche Studien und kennen eine Menge Techniken, aber ihre eigenen Leiden haben sie noch nicht heilen oder verwandeln können, vielleicht gönnen sie sich auch nicht genügend Freude und Spiel zum Ausgleich für den ganzen Seelenschmerz, mit dem sie konfrontiert sind. Unter diesen Umständen verfügen sie nicht über die Offenheit, in der und aus der man wirksam helfen kann. Viele Klienten lassen eine Menge Geld in den Praxen solcher Therapeuten und kommen Woche für Woche wieder mit der Hoffnung auf Heilung. Aber kein Therapeut kann wirklich helfen, solange er sich selbst nicht mitfühlend zugehört hat. Therapeuten sind Menschen, die leiden wie alle anderen auch. Sie können andere nur in dem Maße hören, wie sie sich selbst mitfühlend zuzuhören vermögen.

Wer anderen helfen möchte, muss in sich den Frieden verwirklicht haben. Diesen Frieden können wir uns mit jedem Schritt und jedem Atemzug erarbeiten, und erst dann sind wir fähig, anderen zu helfen. Andernfalls vergeuden wir nur deren Zeit und, sofern wir selbst in therapeutischen Berufen tätig sind, auch noch ihr Geld.

Wir alle müssen uns zuerst einmal in unserer eigenen Haut wohlfühlen, wir brauchen Frieden und Leichtigkeit an Körper und Geist. Erst dann können wir anderen wirklich zuhören.

Dazu gehört Übung. Nehmen Sie sich jeden Tag Zeit, um einfach bei Ihrem Atem und Ihren Schritten zu sein, um Ihren Geist zum Körper zurückzuholen und sich bewusst zu halten, dass Sie einen Körper *haben*. Hören Sie jeden Tag eine Zeitlang mitfühlend Ihrem inneren Kind zu, lassen Sie alles zu, was da gehört werden will. Dann wissen Sie, wie Sie anderen zuhören können.

Die Seele einer Glocke hören

In vielen Kulturen der Welt rufen Glocken die Menschen zusammen oder werden verwendet, um inneren Einklang und äußere Harmonie zu schaffen. In vielen asiatischen Ländern haben die Menschen zumindest eine kleine Glocke im Haus. Wie ist das bei Ihnen? Jede angenehm klingende Glocke oder Klangschale ist dazu geeignet. Lassen Sie sich vom Klang dieser Glocke daran erinnern, zu atmen, innerlich still zu werden, in Ihrem Körper anzukommen und gut für sich zu sorgen. Im Buddhismus hören wir den Klang der Glocke als die Stimme des Buddha: Hör auf zu sprechen. Hör auf zu denken. Komm zu deinem Atem zurück. Lausche mit allem, was du bist.

Dieses intensive Lauschen lässt Frieden und Freude bis in die Zellen des Körpers dringen. Man lauscht nicht nur mit den Ohren oder dem Verstand – die Glocke ruft alle Zellen Ihres Körpers zum gemeinsamen Lauschen.

Eine Glocke oder Klangschale braucht nicht viel Platz. Auch in der kleinsten Wohnung findet sich bestimmt irgendwo eine Stelle auf dem Tisch oder im Regal. Bevor Sie die Glocke kaufen, müssen Sie sich nur davon überzeugen, dass sie einen angenehmen Klang hat.

Stimmen Sie sich immer auf den Klang der Glocke ein. Schlagen Sie sie nicht einfach an, sondern laden Sie Ihre Glocke ein zu erklingen. Sehen Sie ein befreundetes, ein erleuchtetes Wesen in ihr, das Sie aufweckt und zu sich selbst finden lässt. Sie können Ihre Glocke oder Klangschale auf ein kleines Kissen setzen – ein Bodhisattwa bei der Meditation im Sitzen.

Beim Lauschen auf den Klang der Glocke üben Sie das bewusste Atmen und lösen alle Spannung in Körper und Geist, diese Angewohnheit, immer auf hohen Touren zu laufen. Oft ist es ja so, dass wir zwar sitzen, aber innerlich immer noch hetzen. Mit dem Glockenklang finden Sie leichter zu sich selbst zurück und können sich dem wohligen Ein- und Ausatmen überlassen, sodass Sie wirklich anhalten. Die Glocke und Ihre Resonanz auf den Klang bringen das Tag und Nacht kreisende Karussell der Gedanken und Gefühle zum Stillstand.

Bevor Sie am Morgen zur Arbeit gehen oder die Kinder zur Schule aufbrechen, ist es sicher möglich, dass sich alle zusammen hinsetzen und gemeinsam die Wohltat des Atmens genießen, bis die Glocke dreimal verklungen ist. So stehen gleich Frieden und Freude am Beginn des Tages. Es ist wirklich eine schöne Sache, allein oder mit der Familie da zu sitzen und zu atmen. Man betrachtet etwas Schönes im Haus oder den Baum vor dem Fenster und atmet. Bei regelmäßiger Übung wird das ein verlässliches Refugium in Ihrem Haus oder Ihrer Wohnung. Man investiert nicht viel Zeit, hat aber ungemein großen Nutzen davon. Es ist eine wirklich schöne Praxis für Frieden, Präsenz und Harmonie daheim.

Raum zum Atmen

Machen Sie ein Zimmer zum Meditationsraum oder widmen Sie einen Teil eines Zimmers diesem Zweck. Viel Platz ist nicht erforderlich. Eine kleine Ecke kann schon genügen, solange Sie dafür sorgen, dass sie für Frieden und stille Betrachtung reserviert bleibt. Das ist Ihr Atemraum, eine Mini-Meditationshalle. Solange dort jemand sitzt, sollte möglichst kein anderer aus der Familie das Zimmer betreten, um denjenigen anzusprechen. Verständigen Sie sich mit den anderen darauf, dass es ein Ort des Friedens und der Ruhe sein soll.

Noch etwas, wozu ich Ihnen nur raten kann: Setzen Sie sich mit der ganzen Familie zusammen, um eine Einigung darüber zu erzielen, dass jeder das Recht hat, bei zu viel Lärm oder dicker Luft in den Atemraum zu gehen und die Glocke erklingen zu lassen. Dann können sich alle auf das Ein- und Ausatmen sammeln, um Ruhe und Frieden wiederherzustellen und die Liebe zu ihrem Recht kommen zu lassen, wenn man sie aus Unachtsamkeit oder aufgrund von unangebrachtem Verhalten aus dem Blick verloren hat.

Wenn jemand in Schwierigkeiten oder Nöten oder innerlich in Unfrieden ist, steht es ihm oder ihr zu, an diesen Platz zu gehen, sich hinzusetzen und die Glocke erklingen zu lassen. Alle übrigen im Haus respektieren das und wenn ihnen diese Praxis etwas bedeutet, werden sie Ihre Handlungen auch unterbrechen, der Glocke lauschen und in den achtsamen Atem eintauchen. Natürlich können sie sich auch zu der Person im eigentlichen Atemraum gesellen.

Wenn also jemand im Haus übellaunig ist oder sich Sorgen macht, ist vielleicht der behutsame Vorschlag angebracht, für ein paar Minuten nach nebenan zu gehen, um gemeinsam der Glocke zu lauschen und zu atmen. Was liegt näher? Oder nehmen wir an, Ihr Kind sei verärgert und nutzt die Glocke. Dann hören Sie das und wissen, dass Ihr Kind atmet. Sie unterbrechen sich bei dem, was Sie gerade tun, und gehen ebenfalls zum bewussten Atmen über. So unterstützen Sie Ihr Kind. Zur Schlafenszeit ist es schön, wenn alle noch einmal zusammensitzen, um dreimal die Glocke erklingen zu lassen, insgesamt neun ganze Atemzüge lang.

Bei Menschen, die so miteinander üben, herrscht mehr Frieden und Einklang. Ich nenne das wahre Zivilisation. Moderne Gerätschaften braucht man dafür nicht. Eine kleine Glocke, ein ruhiger Platz und achtsames Atmen reichen aus.

Unsere Vorfahren lauschen mit

Für gewöhnlich denken wir ja, unsere Vorfahren seien gestorben, doch das trifft nicht zu. Wir sind jetzt hier und lebendig, und unsere Vorfahren leben in uns weiter. Sie haben sich mit ihren Begabungen und Erlebnissen, mit ihrem Glück und ihren Leiden auf uns übertragen. Sie sind in jeder Zelle unseres Körpers gegenwärtig. Unsere Mutter, unser Vater, sie sind in uns.

Wenn wir der Glocke lauschen, schließen sich uns alle Zellen unseres Körpers darin an, und so sind auch alle unsere Vorfahren aller Generationen mit von der Partie und lauschen der Glocke. Wer zu lauschen versteht, bei dem dringt der Frieden bis in jede einzelne Zelle. Und nicht nur wir selbst kommen so in den Genuss des Friedens und der Entspannung, sondern auch unsere Vorfahren in uns erleben die Freude dieses wunderbaren Augenblicks. Vielleicht war ihr Leben von Leid geprägt und gab nicht viel Anlass zur Freude. Durch Sie bietet sich jetzt die Gelegenheit, etwas davon nachzuholen.

Wenn wir vom Zuhören reden, denken wir meist an die Menschen in unserer Umgebung, aber es gibt auch noch andere Formen. Um anderen zuhören zu können, haben wir gesagt, müssen wir zuerst uns selbst zuhören. Wenn wir in uns hineinlauschen, hören wir keine einzelne Stimme, nicht einfach die Stimme eines getrennten Selbst, das irgendwie aus dem Nichts aufgetaucht ist. Achtsamkeitspraxis ermöglicht uns die Einsicht, wie tief wir mit all denen verbunden sind, die vor uns kamen und durch die wir überhaupt erst werden konnten. Wir sind ein »Gemeinwesen« von Zellen und alle unsere Vorfahren sind in uns. Wir können ihre Stimmen hören, wir müssen nur lauschen.

Jenseits der Worte

Wenn wir eine Zeitlang täglich in Stille geübt haben, sei es auch nur für ein paar Minuten, lassen wir uns nicht mehr so leicht von den Worten einnehmen. Die Stille ist uns angenehm, und so sind wir frei wie ein Vogel, nah am Wesen der Dinge.

Vo Ngon Thong, einer der Begründer des vietnamesischen Zen-Buddhismus, hat einmal gesagt: »Fragt mich nicht weiter. Meine Essenz ist wortlos.« Achtsamkeit auf unsere Worte setzt voraus, dass wir uns im Schweigen üben. Da können wir uns dann ansehen, welche Anschauungen wir haben und welche seelischen Verknotungen möglicherweise unser Denken beeinflussen. Stille ist die wichtigste Voraussetzung für einen wirklich tiefen Blick. Konfuzius sagte: »Die Himmel sagen nichts.« Und doch haben die Himmel viel zu erzählen, wenn man zuhören kann.

Wer aus dem Geist der Stille lauscht,
dem sagen alle Vogelstimmen und das Raunen
des Windes in den Kiefern etwas.

Wir alle tauschen uns gern mit unseren Lieben aus und vieles davon geschieht ohne Worte. Sobald wir Worte gebrauchen, kommt es leicht dazu, dass wir sie für zutreffende Bezeichnungen halten. Wörter wie »Hausarbeit«, »Kinder«, »zuhören«, »Mann« und »Frau« verbinden sich sofort mit Bildern und Einschätzungen, und da kann es schwierig sein, das ganze und immer wieder neue Bild hinter unseren Gedankengebilden zu sehen. Möchten wir also mit unseren Lieben wirklich kommunizieren, müssen wir die bewussten und unbewussten außersprachlichen Anteile dieser Kommunikation berücksichtigen.

Bewusstseinsfasten

In vielen Kulturen gibt es bestimmte Fastenperioden und Fastentage, aber auch bei Einweihungsriten und zu anderen Gelegenheiten wird gefastet. Natürlich fasten auch viele aus gesundheitlichen Gründen. Fasten ist sicher gut für den Körper – aber auch für das Bewusstsein. Jeden Tag nehmen wir so viele Wörter, Bilder und Geräusche in uns auf, doch irgendwann muss das auch einmal eine Pause haben, damit sich unser Geist erholen kann. Ein Tag ohne Sinnesnahrung – E-Mails, Videos, Bücher, Gespräche – lässt uns innerlich klar werden und löst die Ängste, Spannungen und Leiden, die sich in unserem Bewusstsein ansammeln können.

Auch wenn Ihnen ein ganzer Tag ohne Medienkonsum unvorstellbar erscheint, können Sie sicher mit einer kleinen Unterbrechung zurechtkommen, einer »Geräuschpause«, wenn Sie so wollen. Die meisten Menschen können ja kaum noch ohne Berieselung existieren. Kaum sind sie einmal ganz für sich – beim Spaziergang, im Wagen, im Bus oder schon beim Verlassen des Hauses, ja sogar in der Gegenwart von Kollegen oder Angehörigen –, muss der entstehende geistige Freiraum sofort mit etwas gefüllt werden. Nehmen Sie sich also vor, irgendeiner kleinen Tätigkeit, bei der Sie allein sind, völlig in Stille nachzugehen. Das könnte sein, wenn Sie im Auto unterwegs sind oder das Frühstück zubereiten oder einfach um den Block gehen – es geht nur um eine kleine Pause vom stetigen Strom der ablenkenden Reize.

Ich kenne eine Frau, die bei der Musikberieselung im Supermarkt immer traurig wurde. Die Lieder erinnerten sie an eine schwere Zeit und dann war sie ganz mit diesen Erinnerungen beschäftigt und konnte sich kaum auf den Einkauf konzentrieren. Als ihr das klarwurde, fasste sie den sehr klugen Entschluss, gut auf ihr Bewusstsein zu achten. Jetzt benutzt sie im Supermarkt Ohrstöpsel, damit die Musik sie gar nicht erst erreichen und traurig machen kann.

Zum »Geräuschfasten« müssen Sie sich nicht unbedingt Stöpsel in die Ohren stecken. Jeden Tag können Sie Zeitabschnitte wählen, die einfach still sind. Wenn keine Worte von außen kommen und sich das innere Wortgestöber legen kann, haben Sie Gelegenheit, einmal für ein paar Minuten in sich hineinzulauschen. Gönnen Sie sich das jeden Tag, es ist auch ein Geschenk an andere, denen Sie dann viel besser zuhören können.

ÜBUNG

Die vier Mantras

Die Übung der vier Mantras ist für jeden geeignet, sogar für Kinder. Es sind Mantras, mit deren Hilfe wir lernen, in der Beziehung zu uns selbst und zu unseren Lieben wirklich zuzuhören und präsent zu sein. Ein Mantra kann wie eine Zauberformel sein, die sofort etwas verändert – man muss nicht erst lange auf Ergebnisse warten. Die Wirkung dieser Praxis liegt in Ihrer Achtsamkeit und Konzentration. Ohne diese beiden Elemente richtet kein Mantra etwas aus.

Für die Praxis der vier Mantras müssen Sie Ihr Denken still werden lassen, sodass innerlich ein Gefühl von Ruhe und Weite entsteht. Nur so können Sie wirklich für den anderen da sein. Wahren Sie die innere Ruhe und Weiträumigkeit auch dann, wenn der andere spricht. Besonders beim dritten und vierten Mantra ist es wichtig, dass Sie auch dann, wenn der andere etwas sagt, bei Ihrem Atem bleiben, dass Sie still und geduldig zuhören, ohne zu urteilen oder überhaupt zu reagieren. Bei der Übung der vier Mantras nutzen Sie die innere Stille und dazu einige wenige sorgfältig gewählte Worte, damit gegenseitiges Verständnis, Versöhnung und Heilung möglich werden. Sie schaffen Raum in sich selbst und stellen diesen Raum auch dem anderen zur Verfügung.

Das erste Mantra lautet: »Liebling, ich bin für dich da.« Wenn Sie jemanden lieben, möchten Sie ihm oder ihr das Allerbeste bieten, und das besteht darin, dass Sie ganz für diesen Menschen da sind. Sie können nur lieben, wenn Sie tatsächlich anwesend sind. Mit dem bloßen Aussprechen des Mantras ist es nicht getan. Üben Sie, da zu sein – mit dem achtsamen Atmen oder achtsamen Gehen oder irgendeiner Praxis, die Ihnen erlaubt, als freier Mensch für sich selbst und für den geliebten anderen da zu sein. Sprechen Sie mit diesem Mantra zuerst sich selbst an, damit Sie zu sich selbst zurückkommen und innerlich die Stille und den Raum entstehen lassen, worin Sie wirklich für den anderen da sein und das Manta authentisch sprechen können.

Das zweite Mantra lautet: »Liebling, ich weiß, dass du da bist, und ich bin sehr glücklich.« Liebe heißt auch, dass Sie das Vorhandensein des anderen ganz bewusst begrüßen. Das ist nur möglich, wenn Sie sich mit dem ersten Mantra vorbereitet haben. Wenn Sie nicht wirklich zu 100 Prozent präsent sind, können Sie auch die Gegenwart des anderen nicht voll und ganz würdigen, der sich dann vielleicht nicht richtig geliebt fühlt.

Wenn Sie anwesend und achtsam sind, merken Sie sofort, dass der Mensch, den Sie lieben, leidet. Dann kommt es darauf an, dass Sie absolut präsent sind. Gehen Sie zu ihm oder ihr hin und sprechen Sie das dritte Mantra: »Liebling, ich weiß, dass dich etwas bedrückt, deshalb bin ich hier für dich.« Wer leidet, möchte, dass der geliebte Mensch das weiß – das ist nur menschlich und ganz natürlich. Wenn er nichts merkt oder darüber hinweggeht, leidet man noch mehr. Vermitteln Sie also mit diesem Mantra, dass Sie Bescheid wissen. Der oder die andere wird das mit großer Erleichterung aufnehmen. Noch bevor Sie konkret etwas Hilfreiches tun können, ist der Schmerz des anderen bereits leichter.

Das vierte Mantra werden Sie nicht so oft brauchen, aber *wenn* Sie es brauchen, ist es unersetzlich. Es lautet: »Liebling, ich leide, hilf mir bitte.« Dieses Mantra wenden Sie also an, wenn Sie selbst leiden, und ganz besonders dann, wenn Sie meinen, der andere sei die Ursache. Dann gehen Sie sehr achtsam und gesammelt zu diesem von Ihnen geliebten Menschen hin und sprechen das vierte Mantra aus. Es kostet vielleicht ein wenig Überwindung. Und es braucht wohl auch etwas Übung. Wenn uns etwas sehr bedrückt, ziehen wir uns ja eher zurück. Auch wenn der andere dann begütigend auf Sie zukommt und sich mit Ihnen versöhnen will, sind Sie vielleicht nicht gleich bereit, beispielsweise von Ihrer Verärgerung zu lassen. Auch das ist ganz normal und menschlich. Aber wenn wir einander lieben, brauchen wir uns auch, vor allem im Leid. Sie glauben, der andere sei die Ursache Ihres Schmerzes, aber sind Sie sicher? Vielleicht irren Sie sich. Vielleicht bestand gar keine Absicht, Sie zu kränken, vielleicht liegt einfach ein Missverständnis vor oder Ihre Wahrnehmung war nicht richtig.

Seien Sie nicht voreilig mit diesem Mantra. Aber wenn Sie bereit sind, gehen Sie zum anderen, atmen Sie tief ein und aus, um wirklich zu 100 Prozent Sie selbst zu sein. Dann sprechen Sie aus tiefster Seele das Mantra. Vielleicht möchten Sie das eigentlich nicht, vielleicht möchten Sie sich sagen, dass Sie den anderen nicht brauchen. Aber überlassen Sie den Raum zwischen sich und dem geliebten Menschen nicht dem Stolz. In echter Liebe hat Stolz keinen Platz. Wenn doch noch Stolz vorhanden ist, wissen Sie, dass Sie Ihre Liebe noch nicht ganz in wahre Liebe verwandelt haben. Üben Sie regelmäßig die Meditation im Gehen und im Sitzen sowie das achtsame Einatmen und Ausatmen, um ganz zu sich selbst zu finden. Wenn Sie dann wieder einmal bekümmert sind, wird es Ihnen leichter fallen, das vierte Mantra wirklich einzusetzen.

Die Kraft der Stille

Ich erinnere mich lebhaft an meine Zeit in Hue, einer Stadt ungefähr in der Mitte Vietnams. Ich besuchte 1947 als junger Student das buddhistische Institut des Klosters Bao Quoc, das nicht gar so weit von meinem Wurzelkloster entfernt war, in dem ich meine Ordination erhalten hatte und lebte. Damals hatte die französische Armee die ganze Gegend besetzt und in Hue einen Militärstützpunkt eingerichtet. Oft hörten wir die Schusswechsel zwischen den Franzosen und Vietnamesen. Die im höheren Bergland lebenden Menschen hatten ihre Behausungen zu regelrechten Festungen ausgebaut. In vielen Nächten schlossen sich die Leute ein und hofften einfach darauf, dass sie von den Kampfhandlungen verschont bleiben würden. Am Morgen fanden sie dann manchmal Gefallene von den Kämpfen der Nacht auf der Straße vor, dazu Sprüche, die mit einer Mischung aus Fassadenfarbe und Blut auf die Straße geschmiert worden waren. Die abgelegeneren Pfade wurden manchmal von Mönchen benutzt, aber sonst wagte sich niemand durch diese Gegend, schon gar nicht die Bewohner von Hue, die evakuiert gewesen waren und erst vor Kurzem in ihre Stadt zurückkehren durften. Das Kloster Bao Quoc liegt zwar in der Nähe eines Bahnhofs, dennoch traute sich kaum jemand dorthin, was eigentlich schon alles sagt.

Jedenfalls brach ich einmal von dort zum monatlichen Besuch meines Wurzelklosters auf. Es war früher Morgen, der Tau hing noch an den Spitzen der Grashalme. Ich schulterte meine Stofftasche, in der sich mein Zeremonialgewand und einige Sutras befanden, und in der Hand hielt ich den traditionellen vietnamesischen Kegelhut. Mir war leicht und froh zumute, ich würde meinen Lehrer, meine Mönchsbrüder und das altehrwürdige Kloster wiedersehen.

Ich hatte eben den ersten Hügel hinter mir, als ich einen Ruf hörte. Am Hang oberhalb der Straße sah ich einen französischen Soldaten. Er winkte. Ich nahm an, er wolle sich über mich lustig machen, da ich ein Mönch war, und ging weiter. Doch dann beschlich mich das Gefühl, dass die Sache vielleicht doch nicht zum Lachen war. Hinter mir hörte ich das Stampfen von Soldatenstiefeln im Laufschritt. Vielleicht wollte er mich durchsuchen, vielleicht fand er meine Schultertasche verdächtig. Also blieb ich stehen. Ein junger Soldat mit schmalem, fein geschnittenem Gesicht näherte sich mir.

»Wohin gehst du?«, fragte er auf Vietnamesisch. Die Worte klangen französisch und ich erfasste gleich, dass es mit seinem Vietnamesisch nicht weit her war.

Mit einem Lächeln fragte ich auf Französisch zurück: »Wenn ich auf Vietnamesisch antworte, würden Sie mich dann verstehen.«

Er war sichtlich froh, mich Französisch reden zu hören. Nein, er wolle mich nicht durchsuchen, sagte er, er habe nur eine Frage: »Ich wüsste gern, aus welchem Kloster Sie kommen.«

Aus dem Bao Quoc, gab ich ihm zur Antwort, und das schien ihn zu interessieren.

»Oh, das Bao Quoc«, gab er zurück. »Ist das das große Kloster oberhalb der Bahnstation?«

Als ich bejahte, deutete er auf ein Pumpenhaus am Hang, wo er seinen Wachtposten bezogen hatte, und sagte: »Wenn Sie es nicht eilig haben, kommen Sie doch kurz mit nach oben, damit wir ein bisschen reden können.«

Wir setzten uns am Pumpenhaus hin und er erzählte mir, wie er vor zehn Tagen zusammen mit fünf weiteren Soldaten dieses Kloster aufgesucht hatte. Es war später Abend gewesen und sie hatten den Auftrag, vietnamesische Widerstandkämpfer oder Vietminh aufzustöbern, die sich dort versteckt halten sollten.

»Wir waren entschlossen, sie zu finden, wir waren bewaffnet und hatten Befehl, sie festzunehmen oder notfalls zu töten. Aber beim Betreten des Klosters waren wir wie vom Donner gerührt.«

»Weil da so viele Vietminh waren?«

»Nein, nein!«, rief er, »Die hätten uns nicht weiter überrascht. Wir hätten sofort angegriffen.«

»Warum dann?«, wollte ich wissen.

»Wir hatten nicht mit dem gerechnet, was wir da antrafen. Bei früheren Durchsuchungen sind die Leute entweder weggelaufen oder in Panik geraten.«

»Die Menschen sind hier so vielen schrecklichen Dingen ausgesetzt«, sagte ich, »dass sie aus Angst sofort weglaufen.«

»Bei mir ist es so, dass ich gar nicht darauf aus bin, jemanden zu erschrecken oder zu bedrohen«, erwiderte er. »Vielleicht sind sie so verängstigt, weil andere vor uns schlecht mit ihnen umgegangen sind. Jedenfalls wirkte das Kloster völlig verlassen. Die Öllampen brannten auf ganz kleiner Flamme. Wir machten absichtlich laute Schritte auf dem Kies im Klosterhof und mir sagte mein Gefühl, dass viele Menschen anwesend sein mussten, aber es war nichts zu hören. Es war unglaublich still. Ein Kamerad rief etwas. Keine Antwort. Es war richtig unheimlich. Ich machte meine Taschenlampe an und leuchtete in einen Raum, in dem wir niemanden vermuteten. Da saßen fünfzig oder sechzig Mönche vollkommen still und meditierten!«

»Dann müsst ihr während der abendlichen Sitzzeit gekommen sein«, nickte ich.

»Ja, und das war, als würde man in ein seltsames unsichtbares Kraftfeld tappen«, erzählte er weiter. »Wir waren so verdattert, dass wir kehrtmachten und auf den Hof zurückgingen. Die Mönche ignorierten uns einfach, als wären wir gar nicht vorhanden. Niemand antwortete und es war auch nichts von Angst oder Panik zu erkennen.«

»Nein, sie haben euch nicht ignoriert, sie haben sich einfach auf ihren Atem konzentriert, das war alles.«

»Diese Ruhe hat mich sehr angesprochen«, fuhr er fort. »Ich fand das wirklich beachtlich. Wir blieben draußen im

Hof still unter einem Baum stehen, vielleicht eine halbe Stunde lang. Dann war mehrmals eine Glocke zu hören und von da an ging der normale Klosterbetrieb weiter. Ein Mönch kam mit einer Fackel heraus und bat uns ins Gebäude, aber ich erklärte ihm nur den Grund unserer Anwesenheit, dann gingen wir wieder. Das war der Tag, an dem ich die Vietnamesen anders zu sehen begann.«

Er besann sich und sein Bericht nahm jetzt einen anderen Verlauf. »Es sind so viele junge Franzosen hier. Wir haben Heimweh. Wir wurden hierhergeschickt, um die Vietminh zu bekämpfen, aber wir wissen nicht, ob wir sie töten werden oder sie uns, wir wissen nicht, ob wir unsere Familie je wiedersehen. Wenn ich sehe, wie die Leute hier rackern, um ihr verwüstetes Leben wieder in Gang zu bringen, denke ich an all die verwüsteten Leben meiner Verwandten in Frankreich. Und wenn ich die Mönche in diesem Frieden, dieser heiteren Gelassenheit erlebe, muss ich an die Leben aller Menschen auf dieser Erde denken, und ich frage mich, warum wir hierhergekommen sind. Was könnte das für ein Hass zwischen den Vietminh und uns sein, dass man uns um die halbe Welt schickt, um gegen sie zu kämpfen?«

Seine Worte berührten mich tief, ich nahm seine Hand und erzählte ihm von einem alten Freund, der sich freiwillig zum Kampf gegen die Franzosen gemeldet hatte und viele Erfolge vorweisen konnte, viele gewonnene Schlachten. Eines Tages war dieser Freund in meinem Kloster aufgetaucht und mir weinend um den Hals gefallen. Dann erzählte er mir vom Angriff auf ein befestigtes Gebäude, bei dem er aus seiner Deckung zwei junge französische Soldaten im Gespräch gesehen hatte.

»Diese frischen, unschuldigen Bubengesichter«, sagte er, »ich war einfach außerstande zu schießen. Man mag mich für schwach und weichlich halten; man mag sagen, dass unser Land bald an den Feind fallen würde, wenn alle so wären wie ich. Aber in diesem Augenblick habe ich den Feind geliebt, wie meine Mutter mich liebt. Ich wusste, was der Tod dieser beiden Burschen für ihre Mütter bedeuten würde, schließlich habe ich ja den Kummer meiner Mutter beim Tod meines Bruders erlebt.«

»Da sehen Sie«, sagte ich nach meiner Erzählung zu dem jungen Franzosen, »dass auch dieser vietnamesische Soldat voller Menschenliebe war.«

Er saß eine ganze Weile versonnen da. Vielleicht wurde ihm allmählich die ganze Absurdität dieses Tötens bewusst, der Wahnsinn des Krieges und all der Leiden und sinnlosen Tode so vieler junger Leute.

Die Sonne stand jetzt schon hoch und ich musste aufbrechen. Er sagte mir seinen Namen, Daniel Marty, einundzwanzig Jahre alt. Er war nach seinem Oberschulabschluss gleich gemustert und bald darauf nach Vietnam geschickt worden. Er zeigte mir Fotos von seiner Mutter, seinem Bruder und seiner Schwester, beide jünger als er. Beim Abschied war klar, dass wir uns verstanden. Er versprach, mich sonntags im Kloster zu besuchen.

In den Monaten danach besuchte er mich tatsächlich, wenn er konnte, und ich nahm ihn mit in unsere Meditationshalle, damit wir zusammen üben konnten. Ich gab ihm den spirituellen Namen Thanh Luong, der »Reines und erfrischendes friedvolles Leben« bedeutet. Da er nur die paar Brocken Vietnamesisch konnte, die man ihm beim Militär beigebracht hatte, gab ich ihm außerdem Sprachunterricht, sodass wir uns nach einigen Monaten auch ein wenig in meiner Muttersprache unterhalten konnten. Er erzählte mir, er müsse nicht mehr wie früher an Kommandounternehmen teilnehmen, und darüber war ich ebenso erleichtert wir er. Wenn er Briefe von daheim bekam, zeigte er sie mir. Sooft er mich sah, legte er zur Begrüßung die Hände zusammen.

Einmal lud ich Thanh Luong zum Essen ins Kloster ein. Er nahm mit Freuden an, auch wenn es sich natürlich um ein vegetarisches Essen handelte. Er war sehr angetan von den schwarzen Oliven und den übrigen schmackhaften Gerichten, die ihm gereicht wurden. Die duftende Reissuppe mit Pilzen fand er besonders köstlich – er konnte kaum glauben, dass sie rein vegetarisch zubereitet worden war. Ich musste ihm die Zubereitung genau erklären, erst dann ließ er sich überzeugen.

An manchen Tagen saßen wir draußen und führten tiefe Gespräche über Spiritualität und Literatur. Als ich mich anerkennend über die französische Literatur äußerte, glänzte in seinen Augen der Stolz auf die Kultur seines Landes. Es wurde eine wirklich tiefe Freundschaft.

Dann kam der Tag, an dem er mir erzählte, dass seine Einheit verlegt wurde und er wahrscheinlich bald in seine Heimat zurückkehren konnte. Ich begleitete ihn bis zum Torbogen, wo wir uns zum Abschied umarmten. »Ich werde dir schreiben, Bruder«, sagte er. Und ich werde glücklich sein, diesen Brief zu beantworten.

Etwa einen Monat später bekam ich tatsächlich einen Brief von ihm, in dem er mitteilte, dass er nach Frankreich zurückkehren werde, um dann in Algerien eingesetzt zu werden. Wieder versprach er, mir von dort zu schreiben. Ich habe nie wieder von ihm gehört. Wer weiß, wo er jetzt ist. Bei unserer letzten Begegnung war er in Frieden, so viel weiß ich. Ist er in Sicherheit? Das Erlebnis von tiefer Stille bei der Meditation der Mönche hatte ihn verwandelt. Er nahm alle Lebewesen in sein Herz auf und erkannte die Sinnlosigkeit des Krieges. All das hatte jener Moment des vollkommenen Anhaltens bewirkt, der ihn an ein gewaltiges und heilendes Meer der Wunder führte, das Meer der Stille.

Unser wahres Wesen zeigt sich nur, wenn das stetige innere Gespräch, das in uns allen Raum einnimmt, einmal unterbrochen wird. Es fängt damit an, dass wir Radio NSD im Laufe des Tages immer mal wieder abschalten, damit dieser geistige Raum der Freude zur Verfügung steht.

Ein achtsamer Atemzug

Um es noch einmal zu sagen: Die einfachste Möglichkeit, das endlose Kreisen der Gedanken anzuhalten, besteht darin, dass wir das achtsame Atmen üben. Wir atmen ununterbrochen, achten jedoch selten darauf. Und noch seltener genießen wir unseren Atem bewusst.

Ein achtsamer Atemzug ist eine kleine Köstlichkeit, in deren Genuss Sie kommen, wenn Sie einen vollen Atemzyklus mit Einatmen und Ausatmen mit ungeteilter Aufmerksamkeit verfolgen. Wenn Sie beim Atmen aufmerksam bleiben, ist es so, als würden alle Zellen Ihres Gehirns und des übrigen Körpers das gleiche Lied singen.

Vielleicht sind Sie voller Traurigkeit, Ärger oder Einsamkeit, doch wenn Sie jetzt ganz nah an Ihrem Atem bleiben, können Sie sich auf diese Gefühle einlassen, ohne dass Sie befürchten müssen, von ihnen beherrscht zu werden. Mit dem achtsamen Atmen sagen Sie sich gleichsam: »Keine Sorge, ich bin hier, ich bin zu Hause, und ich kann mich um diese Gefühle kümmern.«

Mit dem achtsamen Atmen wenden Sie sich nach innen. Ihr Körper atmet. Ihr Körper ist Ihr Zuhause. Mit jedem Atemzug können Sie zu sich nach Hause kommen.

Ihr achtsamer Atem ist Ihr sicherer Hafen. Wenn Sie Ihre angestrebten Ziele erreichen, Ihren Angehörigen und Freunden nah sein und etwas Nützliches für das Gemeinwesen tun möchten, fangen Sie am besten bei Ihrem Atem an. Jeder achtsame Atemzug oder Schritt, jede achtsame Handlung bringt Sie weiter.

Achtsamkeit: Raum zu geben ist einfacher, als Sie glauben

Viele sagen, sie wüssten gar nicht, wo sie in ihrem Leben auch noch Achtsamkeitspraxis unterbringen sollten. Aber achtsames Leben bedeutet nicht, dass Sie in Ihren dichten Tagesplan irgendwo eine zusätzliche Aktivität namens »Meditation« hineinzwängen, sondern dass Sie sich neu ausrichten und bewusst an Ihr eigentliches Vorhaben erinnern. Sie schieben die Achtsamkeit nicht auf, bis Sie endlich in Ihrem Meditationszimmer sind, Sie brauchen nicht einer noch nicht verplanten Stunde zu harren, wenngleich Sie diese wunderbaren Gelegenheiten natürlich nutzen sollten, sooft sie sich bieten. Aber letztlich ist ruhiges, achtsames Atmen etwas, was Sie jederzeit tun können. Jede Umgebung kann ein heiliger Raum sein, wenn Sie entspannt und gelassen gegenwärtig sind, Ihren Atem verfolgen und sich ganz auf das konzentrieren, was jeweils zu tun ist.

Wenn Sie am Morgen aufwachen, können Sie den Tag noch im Bett mit einem achtsamen Atemzug begrüßen. Nehmen Sie sich diesen Moment, in dem Sie nur einatmen und ausatmen und um die vierundzwanzig vor Ihnen liegenden nagelneuen Stunden wissen. Welch ein Geschenk des Lebens!

Als Novize musste ich zur Unterstützung meiner Achtsamkeitspraxis allerlei kleine Verse auswendig lernen. Der erste ging so:

Beim Aufwachen heute Morgen lächle ich.
Vierundzwanzig funkelnagelneue Stunden!
Ich gelobe, sie voll und ganz zu leben und
alles ringsum mit Mitgefühl zu betrachten.

Wir haben hier vier Zeilen. Bei der ersten atmen Sie ein, bei der zweiten aus, bei der dritten wieder ein und bei der vierten aus. Beim Atmen halten Ihnen die Zeilen des Verses die heilige Dimension Ihres Tuns vor Augen. Sie möchten diese vierundzwanzig frischen, unverbrauchten, neuen Stunden so nutzen, dass sie Frieden und Glück ermöglichen. Sie sind entschlossen, diese vierundzwanzig Stunden nicht zu vergeuden, denn Sie wissen, dass sie ein Geschenk des Lebens sind, das Sie jeden Morgen wieder bekommen.

Auch die Sitzmeditation ist eine wunderbare Gelegenheit zum achtsamen Atmen. Viele Menschen können sich diese Auszeit nicht erlauben, in der sie nichts weiter tun, als dazusitzen und zu atmen. Sie sehen das als Luxus oder als nicht sinnvoll genutzte Zeit – »Zeit ist Geld«. Aber Zeit ist viel mehr als Geld. Zeit ist Leben. Das schlichte regelmäßige Stillsitzen ist von tiefer Heilkraft. Nur sitzen – es gibt kaum etwas Besseres für die ausschließliche Sammlung auf das achtsame Atmen.

Den Fernseher beim Essen abzuschalten kostet nur einen Knopfdruck, und Sie können sogar den inneren Radiosender Nonstop Denken abschalten, wenn Sie beim

Essen auf nichts anderes als Ihren Atem, die Speisen und die anderen am Tisch achten. Wenn Sie anschließend das Geschirr spülen und die Küche wieder in Ordnung bringen, können Sie all das ganz wach und im Geist der Liebe, Freude und Dankbarkeit tun.

Auch beim Zähneputzen können Sie sich für bewusste Achtsamkeit entscheiden. Denken Sie an nichts anderes, bleiben Sie voll und ganz beim Putzen. Das Zähneputzen nimmt zwei, drei Minuten in Anspruch, die Sie nutzen können, um aufmerksam bei Ihren Zähnen und beim Bürsten zu sein. Sie werden staunen, wie froh diese Form des Zähneputzens Sie machen kann. Selbst der Gang zur Toilette kann so genutzt werden. Achtsamkeit stellt Ihre Beziehung zu allem und jedem auf eine neue Basis. Sie erlaubt Ihnen, ganz präsent zu sein und an tatsächlich allem Ihre Freude zu finden.

Und wie schon gesagt, auch beim achtsamen Gehen bietet sich die Chance zu heilenden Glücksmomenten. Sie atmen ein und aus und können bei jedem Schritt den Kontakt des Fußes mit der Erde auskosten. Mit jedem achtsamen Schritt tun Sie einen Schritt zurück zu sich selbst. Jeder Schritt festigt Ihre Verbindung mit Ihrem Körper und führt Sie heim ins Hier und Jetzt. Wenn Sie also von der Bushaltestelle zum Büro gehen, wenn Sie zur Post oder in den Supermarkt gehen, wäre es dann nicht schön, mit jedem Schritt nach Hause zu kommen?

Bei allem, was Sie ruhig und bewusst tun, finden Sie Anschluss an sich selbst. Oft ist es so, dass wir gehen und nicht viel davon mitbekommen. Wir stehen irgendwo, wissen aber auch davon nichts, innerlich sind wir kilometerweit weg. Wir sind lebendig, nehmen das aber nicht deutlich wahr, sondern verlieren uns immer wieder. Äußerlich und innerlich still zu werden und einfach so mit uns allein dazusitzen – dass kommt schon einer Revolution gleich. Sie setzen sich hin und beenden diesen Zustand der Leere, in dem Sie gar nicht Sie selbst sind oder sich immer wieder verlieren. Sie kehren zurück zu sich selbst, Sie verbinden sich wieder mit sich selbst. Dabei helfen Ihnen kein Computer und kein iPhone, es ist nichts weiter erforderlich, als dass Sie sich achtsam hinsetzen und achtsam atmen. Kaum ein paar Sekunden später sind Sie wieder bei sich selbst. Dann wissen Sie auch, was sich gerade tut – in Ihrem Körper und seinen Empfindungen, in Ihrem Fühlen, in Ihren Wahrnehmungen. Sie sind daheim und können sich bestens um alles kümmern.

Vielleicht waren Sie lange von zu Hause weg, sodass dort inzwischen alles drunter und drüber geht. Wie viele Fehler sind Ihnen unterlaufen, weil Sie nicht darauf geachtet haben, wie es Ihrem Körper ging, was für Gefühle sich einstellten, von welchen Fehlwahrnehmungen Ihr Denken und Sprechen geleitet war?

Heimkehren, das bedeutet eigentlich, dass Sie sich hinsetzen und bei sich bleiben, dass Sie Anschluss an sich selbst wiederfinden und die Situation erst einmal so nehmen, wie sie ist. Selbst wenn einiges im Argen liegt, können Sie das erst einmal so annehmen – als Ausgangspunkt einer Neuorientierung, nach der Sie eine bessere Richtung einschlagen können. Oft denke ich an Thanh Luong, der diesen Augenblick der tiefen Stille im Tempel erlebte und diese Stille dann in die Wirren des Krieges mitnehmen konnte. Jeder mag in seinem ganz eigenen Chaos stecken, trotzdem können wir jeden Tag Raum für ein wenig Stille finden, um dann Frieden zu schließen mit den Dingen, wie sie nun einmal sind. Von da aus zeigt sich uns vielleicht ein Weg aus dem Chaos.

Ich erinnere mich an ein Retreat, das ich einmal in einem Kloster in den Bergen Nordkaliforniens geleitet habe. Zu Beginn des Retreats loderten Waldbrände in der näheren Umgebung. Beim Sitzen und bei der Gehmeditation hörten wir ständig die vielen Löschhubschrauber. Das war kein sehr anheimelndes Geräusch. Viele der Teilnehmer waren wie ich Vietnamesen oder aus Vietnam stammende Amerikaner – und das Geräusch von Helikoptern verband sich für uns ganz selbstverständlich mit Schüssen und Toten und Bomben und noch mehr Toten. Wir hatten einen furchtbaren Krieg erlebt und das Geräusch der vielen Löschhubschrauber erweckte die Erinnerung an all die Gewalt wieder. Auch die nicht in dieser Weise vorbelasteten Retreatteilnehmer empfanden die Geräuschkulisse als laut und fühlten sich bedrängt.

Aber die Helikopter blieben – und wir blieben. Wir fassten einfach den Entschluss, achtsames Lauschen auf die Helikopter zu üben. Wenn etwas Angenehmes wie eine Klangschale zu hören ist, sammelt man sich nur zu gern darauf. Beim achtsamen Lauschen auf angenehme Klänge tut man sich leichter, ganz präsent und mit allem im Einklang zu sein. Jetzt mussten wir auch im Dröhnen der Propeller zu dieser positiven Ausrichtung finden. Durch Achtsamkeit konnten wir unsere eingeübte innere Reaktionsbereitschaft immer wieder daran erinnern, dass da draußen kein Krieg tobte, sondern diese Helikopter sehr segensreich bei der Bekämpfung der Brände halfen. So gelang es uns schließlich, die unangenehmen Empfindungen in Einverständnis und Dankbarkeit zu verwandeln. Die Hubschrauber flogen mit großer Regelmäßigkeit einer nach dem anderen alle paar Minuten und hätten wir nicht diese Form der Achtsamkeitsübung gewählt, hätte sich das Retreat zu einem sehr mühsamen und öden Unterfangen entwickelt.

Wir hatten bei diesem Retreat an die sechshundert Teilnehmer und alle übten das achtsame Atmen zum Getöse der Helikopter. Der innerlich gesprochene Vers, der sonst das Lauschen auf den Klang der Glocke begleitete, wurde der Situation entsprechend abgewandelt:

Ich lausche. Ich lausche.
Dieses Hubschraubergeräusch bringt mich
zurück zum gegenwärtigen Augenblick.

Wir kamen damit sehr gut zurecht. Wir verwandelten den Lärm der Hubschrauber in eine Meditationshilfe.

Fünf Minuten für das Leben

Sollten Sie gerade erst anfangen, dann sehen Sie zu, ob Sie jeden Tag fünf Minuten für das stille und achtsame Gehen abzweigen können. Solange Sie allein sind, können Sie so langsam gehen, wie Sie möchten. Es kann sein, dass Sie anfangs ganz besonders langsam gehen möchten, ein Schritt beim Einatmen, ein Schritt beim Ausatmen. Sie atmen ein und tun einen Schritt, und Sie gehen so bewusst, dass Ihr Denken bei diesem einen Schritt und diesem einen Einatmen ganz zum Stillstand kommt. Ist das nicht der Fall, bleiben Sie einfach stehen, um weiter achtsam ein- und auszuatmen, bis das Denken aufhört. Sie werden es fühlen. In diesem Zustand des achtsamen Seins ändert sich körperlich und geistig etwas, spürbar.

Ist Ihnen ein solcher Schritt gelungen, wissen Sie, dass es auch zwei werden können. Nehmen Sie sich anfangs nur fünf Minuten vor, und wenn Sie feststellen, dass Sie es richtig genießen, können Sie diese fünf Minuten mehrmals am Tag wiederholen.

Wir haben alle viel zu tun und werden immer wieder vom gegenwärtigen Augenblick abgelenkt. So können wir unser Leben nicht voll und ganz leben. Aber die Achtsamkeit erkennt es und das ist schon Erleuchtung. Da setzen wir an, bei dieser Erleuchtung: Wir wollen wirklich unser eigenes Leben leben, wir wollen anhalten und uns nicht vom Leben ablenken lassen. Mit der Praxis des achtsamen Sitzens, Atmens, Gehens und sogar Zähneputzens schaffen wir es anzuhalten. Die Praxis des Anhaltens lässt sich den Tag über jederzeit üben, auch beim Autofahren.

Sie sind entbunden, Sie gewinnen die Freiheit.
Und in dieser Freiheit, dieser Loslösung,
wird Heilung möglich. Leben wird möglich.
Freude wird möglich.

Heutzutage ist viel von »Work-Life-Balance« die Rede, als wäre die Arbeit eine Sache und das Leben eine ganz andere. So muss es aber nicht sein. Wenn Sie zur Arbeit fahren und Ihren Wagen abgestellt haben, steht es Ihnen frei, achtsam und unbeschwert an Ihren Arbeitsplatz zu gehen oder blind zu hetzen. Den Weg müssen Sie ohnehin zurücklegen, und wenn Sie das Gehen gelernt haben, wenn Sie beim Gehen ganz bei sich und für sich da sein können, kann jeder Schritt vom Parkplatz zum Büro Sie froh und glücklich machen. Bei jedem Schritt lösen Sie körperliche Spannungen, bei jedem Schritt begegnen Ihnen die Wunder des Lebens.

Beim achtsamen Gehen, bringen Sie sich vollkommen in jeden Schritt ein. Jeder Schritt wird Ihnen bewusst. Sie selbst gehen da, nicht eine Gewohnheitsenergie, der Sie nachtrotten. Sie haben die Oberhoheit über sich selbst, Sie sind der König oder die Königin, die Entscheidung liegt bei Ihnen. Sie gehen, weil das Ihre Absicht ist, und bei jedem Schritt sind Sie frei. Sie setzen Ihre Schritte zielstrebig und jeder achtsame Schritt führt Sie in die Wunder des Lebens, die das Hier und Jetzt bietet. Sie lassen sich mit Körper und Geist gänzlich auf jeden Schritt ein. Deshalb denken Sie beim Gehen nicht. Gedanken würden Ihnen das Gehen wegnehmen. Sie reden nicht, das Reden würde Ihnen das Gehen wegnehmen.

So zu gehen ist eine Wonne. In Achtsamkeit und Sammlung sind Sie ganz Sie selbst, Sie verlieren sich nicht. Sie gehen wie ein Buddha. Ohne Achtsamkeit würde Ihnen das Gehen gewollt erscheinen, als etwas, das man erledigt. Mit Achtsamkeit ist dieses Gehen das Leben selbst.

Auch wenn Sie nach dem Essen das Geschirr spülen, hängt es von Ihnen ab, ob Sie das als öde Plackerei oder als wahres Leben erfahren. Es gibt eine Form des Geschirrspülens, die Sie vom ersten bis zum letzten Augenblick als Genuss empfinden. Den Boden wischen, das Frühstück herrichten – wenn Sie das achtsam tun können, ist es Leben und nicht Arbeit.

Wer darauf besteht, zwischen Arbeit und Leben zu unterscheiden, verbringt einen Großteil seines Lebens, ohne zu leben. Sehen wir zu, dass wir in allen unseren Tätigkeiten Raum für Achtsamkeit und Freude schaffen, nicht nur bei Freizeitbeschäftigungen oder bei der Meditation. Fünf Minuten Achtsamkeit, hier und da in unseren Alltag eingeflochten, schließen die scheinbare Kluft zwischen Arbeit und Leben, und dann ist jede Minute des Tages »Zeit für mich«.

ÜBUNG

Gehmeditation

Wenn jemand in der Luft, auf dem Wasser oder durchs Feuer gehen kann, das sehen die Leute als Wunder an. Für mich besteht das wahre Wunder darin, in Frieden auf der Erde zu gehen. Mutter Erde selbst ist das Wunder. Jeder Schritt ist ein Wunder. Jeder bewusste Schritt auf dieser herrlichen Erde kann Heilung bewirken und glücklich machen. Die Gehmeditation bietet uns die wundervolle Gelegenheit, zum Augenblick zurückzukehren und wieder ganz lebendig zu werden.

Nehmen Sie bei der Gehmeditation ganz bewusst Ihren Fuß wahr, den Boden, den Kontakt. Der Atem geht ganz natürlich und die Schritte werden dem Atem angepasst, nicht der Atem den Schritten. Machen Sie beim Einatmen ein paar Schritte und beim Ausatmen wieder. Das Ausatmen kann länger sein und vielleicht mehr Schritte beanspruchen. An geeigneten Stellen, wo nicht viele Leute sind, kann es besonders wohltuend sein, sehr langsam zu gehen – beim Einatmen ein Schritt, beim Ausatmen ein Schritt. Beim Einatmen können Sie »Ein«, beim Ausatmen »Aus« sagen oder »Ankunft« und »Daheim«. Mit jedem Schritt erreichen Sie Ihr wahres Zuhause, den gegenwärtigen Augenblick.

Wenn Sie ratlos, in Bedrängnis oder einfach ein bisschen bequem sind, keine Sorge, das achtsame Atmen, Sitzen oder Gehen bedarf keiner Anstrengung. Das Atmen selbst genügt, das Sitzen genügt, das Gehen genügt. Gestatten Sie sich, ganz in der jeweiligen Aktion zu sein. Seien Sie das Gehen.

2003 war ich in Korea, um eine Meditation im Gehen durch die Straßen von Seoul anzuleiten. Viele Menschen nahmen daran teil. Aber die Fotografen bildeten direkt vor uns so etwas wie eine massive Mauer – ich wusste einfach nicht, wie ich mit dem Gehen anfangen sollte. Ich sagte: »Lieber Buddha, ich weiß nicht weiter, geh du für mich.« Dann setzte ich einen Schritt, und siehe da, vor mir tat sich ein Weg auf. Und von da an ging es weiter. Nach diesem Erlebnis schrieb ich die folgenden Verse, mit denen ich auch heute noch meine Gehmeditation begleite. Vielleicht nützen sie Ihnen auch.

Lass den Buddha atmen.
Lass den Buddha gehen.

Ich muss nicht für das Atmen sorgen.
Ich muss nicht für das Gehen sorgen.

Der Buddha ist es, der atmet.
Der Buddha ist es, der geht.

Ich genieße das Atmen.
Ich genieße das Gehen.

Da ist nur das Atmen.
Da ist nur das Gehen.

Es gibt keinen Atmenden.
Es gibt keinen Gehenden.

Achtgeben

Je häufiger wir das Heimkommen zu uns selbst üben und in der Achtsamkeit sind, desto eher werden wir auf unser Leid aufmerksam. Stille und achtsames Atmen lassen die Freude in uns wach werden, aber sie machen uns eben (vor allem zu Beginn) auch auf unsere Schmerzen aufmerksam, einfach weil uns Leid, das wir uns bisher verschwiegen haben, jetzt bewusst wird.

Würden wir nie leiden, gäbe es keinen Anlass und keine Impulse für die Entwicklung von Verständnis und Mitgefühl. Leiden ist sehr wichtig. Wir müssen lernen, es anzuerkennen und zu umarmen. Denn in diesem Bewusstsein können wir wachsen.

Von Natur aus neigen wir dazu, alles Leidvolle zu meiden, aber ganz ohne Leid würden wir uns als Menschen nicht voll entwickeln können. Wenn wir es so sehen können, leiden wir am Ende weitaus weniger und unsere Schmerzen formen sich leichter zu etwas Neuem. Solange wir uns unseres Leidens nicht annehmen und es stattdessen möglichst von uns wegschieben, verlängern wir es nur unnötig.

Häufig ist es so, dass wir keine Stille zulassen, um nicht unseren Leiden ausgesetzt zu sein. Tatsächlich ist die Stille, die uns heim zu uns selbst finden lässt, das Einzige, was wirklich gegen unsere Leiden hilft.

Leiden anerkennen

Mit dem, was ich lehre, möchte ich den Leuten auch helfen, ihre Leiden zu erkennen, anzunehmen und zu transformieren. Das ist eine Kunst. Wir müssen unseren Leiden in Frieden zulächeln können, so wie wir auch dem Schlamm zulächeln, wenn wir wissen, dass wir nur mit Schlamm (und seiner richtigen Anwendung) Lotosblüten ziehen können.

Große Leiden können starke seelische Verletzungen zum Hintergrund haben und uns noch lange nach der ursprünglichen Verletzung begleiten. Aber es gibt natürlich auch die alltäglichen »kleinen Miseren«, wie man in Frankreich sagt, die uns ganz allmählich zermürben. Wer mit den alltäglichen Belastungen umzugehen lernt, muss ihnen nicht zum Opfer fallen. Wird unser Leid, sei es durch große Verletzungen oder die Alltagsmühsal, jedoch zu einem echten Hindernis, sollten wir wissen, wie wir es erkennen und annehmen können.

Unsere Leiden können uns von den Eltern oder früheren Vorfahren vererbt sein. Wenn wir sie erkennen, annehmen und transformieren können, kommt das nicht nur uns selbst zugute, sondern auch unseren Eltern und Vorfahren.

Schmerz ist unvermeidlich. Schmerz ist überall. Neben dem persönlichen und kollektiven Leid gibt es auch noch das Leiden in der Natur. Überall auf der Welt ereignen sich täglich Naturkatastrophen und vom Menschen gemachte Katastrophen – Tsunamis, Waldbrände, Hungersnöte, Kriege. Jeden Tag sterben unschuldige Kinder, weil sie kein sauberes Wasser oder nichts zu essen bekommen oder nicht medizinisch versorgt werden können. Diese Leiden berühren auch uns, selbst wenn wir nichts direkt davon mitbekommen. Dieses kleine Baby, die alte Frau, der junge Mann oder die junge Frau – wenn sie sterben, sterben wir in gewisser Weise mit. Andererseits leben wir auch weiter, und das muss wohl bedeuten, dass auch sie irgendwie weiterleben. Das ist Meditation. Können wir diese tiefe Wahrheit erfassen, wachsen in uns das Wollen und das Verlangen, so zu leben, dass die anderen auch am Leben bleiben können.

Die Insel des Ichs

Wenn wir nach Hause kommen, können wir uns entspannen und ganz ungezwungen wir selbst sein. Wir fühlen uns warm und in Sicherheit und geborgen. Daheim – das ist ein Ort, an dem sich die Einsamkeit verliert. Aber wo ist eigentlich unser Zuhause?

Unser wahres Zuhause ist das, was der Buddha »Insel des Selbst« genannt hat, ein Ort des Friedens in uns. Häufig merken wir nicht einmal, dass dieser Ort vorhanden ist, und eigentlich wissen wir auch nicht, wo wir sind, so viel Lärm herrscht in unserer inneren und äußeren Welt. Um diese Insel des Selbst zu finden, müssen wir zur Ruhe kommen.

Immer wenn Sie sich unwohl fühlen, wenn Sie traurig, aufgeregt, verängstigt oder voller Sorgen sind, können Sie den achtsamen Atem nutzen, um zu Ihrer Insel der Achtsamkeit zurückzukehren. Wer regelmäßig Achtsamkeit übt und seine Insel auch dann immer wieder aufsucht, wenn es keine Unannehmlichkeiten gibt, tut sich bei auftauchenden Problemen viel leichter, diesen sicheren Ort im Innern zu finden und frohen Herzens nach Hause zu gehen. Sie haben das Glück, auf die Achtsamkeitspraxis gestoßen zu sein. Nutzen Sie diese Chance gut, um die Verbundenheit mit Ihrem wahren Zuhause immer stärker werden zu lassen. Fangen Sie nicht erst dann an, zu Ihrer Insel zurückzurudern, wenn die Riesenwelle Sie bereits erfasst hat. Üben Sie es achtsam in allen alltäglichen Augenblicken Ihres Lebens. Wenn Schwierigkeiten auftreten, wie es ja unweigerlich der Fall sein wird, kann Ihre natürliche Reaktion darin bestehen, sich ganz selbstverständlich heimwärts zu wenden. Es geschieht dann mühelos.

Achtsam gehen, sitzen, essen und Tee trinken – all das sind natürliche Formen dieser Zufluchtnahme, zu der Sie alle Tage viele Gelegenheiten finden. Die Samen der Achtsamkeit sind in Ihnen immer vorhanden. Einatmen, ausatmen – das ist jederzeit »griffbereit«. Die Insel ist in Ihnen. Dort Zuflucht zu finden ist einfach, es bedarf nur der täglichen Achtsamkeitsübung.

Der Kokosmönch

In Vietnam gab es einen Mönch, den alle Kokosmönch nannten, weil er sich hoch oben in einer Kokospalme eine Plattform gebaut hatte, die er kletternd erreichte, um dort zu meditieren. Da oben war es kühler. Als junger Mann hatte er in Frankreich Ingenieurswissenschaft studiert. Als er wieder nach Vietnam kam, tobte überall der Krieg und da wollte er nicht mehr Ingenieur werden. Er wollte Mönch sein, als Mönch praktizieren.

Er verfasste einen Brief zum ehrenden Angedenken einer meiner Laienschülerinnen, Nhat Chi Mai, die sich als Aufruf zur Beendigung des Kriegs selbst verbrannt hatte. Er schrieb unter anderem: »Wie du verbrenne ich mich, nur langsamer.« Auch sein Leben, sagte er damit, war dem Ruf nach Frieden geweiht.

Er unternahm alles nur Erdenkliche für seine Friedensmission. Einmal organisierte er ein Meditationszentrum im Mekong-Mündungsdelta und bat alle Menschen, dorthin zu kommen und mit ihm zu sitzen. Er sammelte verschossene Kugeln und Bombensplitter und verarbeitete sie zu einer großen Glocke, einer Glocke der Achtsamkeit. Die hängte er in seinem Meditationszentrum auf und ließ sie Tag und Nacht immer wieder erklingen. Er verfasste ein Gedicht, in dem es hieß: »Liebe Kugeln, liebe Bomben, ihr habt euch mit meiner Hilfe zusammengefunden, um zu meditieren. In eurem früheren Leben habt ihr getötet und zerstört, doch in diesem schallt euer Ruf hinaus zu den Menschen, dass sie aufwachen und sich auf ihr Menschsein, ihre Liebe, ihr Verständnis besinnen.« Jeden Abend und jeden Morgen erklang die Glocke, die aufgrund ihrer Entstehung und Beschaffenheit selbst als Symbol für die Möglichkeit der Verwandlung stand.

Einmal wollte der Kokosmönch im Präsidentenpalast vorsprechen, um eine Friedensbotschaft zu übermitteln. Die Wachen wiesen ihn ab. Da er sie nicht überreden konnte, schwieg er schließlich. Er richtete sich vor dem

Palast eine Schlafstelle ein und stellte einen mitgebrachten Käfig auf, in dem sich in friedlichem Miteinander eine Katze und eine Maus befanden.

Einer der Wachsoldaten fragte ihn: »Was willst du eigentlich hier?«

Der Kokosmönch antwortete: »Ich möchte dem Präsidenten gern zeigen, dass Katz und Maus friedlich miteinander leben können.«

Jeder, der die Szene sah, sollte sich fragen: »Wenn sogar Katz und Maus in Frieden sein können, warum dann nicht wir Menschen?«

Die meiste Zeit verbrachte der Kokosmönch still für sich allein. Es ging ihm darum, für sein Land eine friedlichere Atmosphäre zu schaffen, und dazu musste er sehr klar sein und durfte sich nicht ablenken lassen. War er verrückt? Ich glaube nicht, dass er es war. Er war ein Friedensaktivist, dem die Insel seiner selbst ein sicheres Zuhause bot.

Alleinsein

Viele denken, wenn sie von der Insel des Selbst hören, sie müssten allein leben und die Menschen und alles andere aus ihrem Leben fernhalten. Aber Ihr Leben auf dieser Insel muss keineswegs bedeuten, dass Sie keine Menschen um sich haben sollen. Es bedeutet, dass Sie sicher im Hier und Jetzt verankert sind und alles bewusst wahrnehmen, was sich im gegenwärtigen Augenblick abspielt – jedes

Gefühl, jeden inneren Eindruck und alle äußeren Sinneswahrnehmungen. Ihre Achtsamkeit hilft Ihnen dabei. Sie sind immer ganz bei sich und verlieren sich deshalb nicht. Das ist die tiefere Form des »Alleinseins«.

Beim Alleinsein üben wir, in diesem einen Augenblick zu sein, nicht von der Vergangenheit festgehalten, nicht von der Zukunft gezogen und vor allem nicht von der Masse mitgerissen. Sie brauchen nicht die Waldeinsamkeit zu suchen. Sie können unter Menschen leben, einkaufen, zusammen mit anderen gehen und dabei gleichzeitig still und allein sein. In diesen Zeiten, in denen so viele Dinge nach unserer Aufmerksamkeit heischen und Reaktionen provozieren wollen, ist dieses innere Alleinsein etwas, was wir erst lernen müssen.

Natürlich ist es gut, auch im äußeren Sinne jeden Tag immer wieder mal allein zu sein. Vielleicht denken Sie, Sie könnten nur im Zusammensein mit anderen wirklich fröhlich sein, wenn man redet und lacht und spielerisch miteinander umgeht. Aber Freude und Glück können auch im Alleinsein tief sein, so tief und umfassend, dass Sie davon auch anderen etwas geben können. Wer im Alleinsein zu Glück und tiefer Freude findet, der hat eine Menge zu geben. Wer nicht allein sein kann, verausgabt sich und fühlt sich zunehmend leer. Er kann sich selbst kaum noch »ernähren« und wird auch anderen nicht viel zu bieten haben. Deshalb ist es so wichtig, das Alleinsein zu lernen.

Sehen Sie zu, dass Sie jeden Tag ein wenig allein sein können; es tut Ihnen gut und lässt Ihren Blick tiefer werden. Nicht dass es unmöglich wäre, allein zu sein und tief zu blicken, wenn man unter Leuten ist – ganz und gar nicht. Mitten auf dem Markt können Sie für sich allein sein und sich nicht mitreißen lassen. Sie sind dann immer noch Sie selbst und Herr Ihrer selbst, und das kann auch dann noch so sein, wenn Sie an einer Gruppendiskussion mit starkem emotionalem Engagement beteiligt sind. Sie können auch dann fest und sicher auf Ihrer Insel leben.

Wir haben also zwei Formen des Alleinseins und beide sind wichtig: äußeres Alleinsein ohne die Gegenwart anderer und inneres Alleinsein, in dem Sie auch in der Gesellschaft von anderen ganz bei sich selbst und in Ihrer Mitte bleiben. Sie sind im Alleinsein geborgen und können von da aus in den Austausch mit der Welt eintreten. Sie fühlen sich mit anderen verbunden, weil Sie ganz Sie selbst sind. Es ist wirklich so einfach: Um sich auf die Welt einlassen zu können, müssen Sie sich zuerst einmal auf sich selbst einlassen.

Die Macht der Gewohnheit, Freiheit von der Gewohnheitsenergie

Wir alle tragen Klumpen von Gewohnheitsenergie in uns. Es ist eine unbewusste Energie, die uns immer wieder auf die gleiche Art agieren lässt. Sie macht uns Beine, sie hält uns in Atem, sie beschäftigt uns beinahe pausenlos mit Gedanken an Vergangenheit und Zukunft und sie lässt uns die Schuld an unseren Leiden bei anderen suchen. Sie erlaubt uns nicht, Frieden und Glück im gegenwärtigen Augenblick zu finden.

Gewohnheitsenergie wurde von Generation zu Generation und schließlich an uns weitergegeben. Sie ist mächtig und wir verstärken sie noch weiter. Dabei sind wir erfahren genug, um zu wissen, dass wir dies besser nicht tun und jene vorwurfsvolle Bemerkung lieber weglassen, weil unserer Beziehung damit geschadet wird. Wir möchten das wirklich meiden, aber wenn es hart auf hart kommt, machen wir diese Bemerkung eben doch, gegen unser besseres Wissen. Warum ist das so? Weil der Impuls einfach stärker ist als wir. Gewohnheitsenergie will uns ständig zu irgendetwas antreiben. Und mit der Achtsamkeitspraxis möchten wir uns von ihr befreien.

Einmal war ich in Indien zusammen mit einem Freund im Bus unterwegs. Es war eine Reise, bei der wir Gemeinschaften von Dalits (oft auch als »Unberührbare« oder »Parias« bezeichnet) besuchten. Wir kamen durch etliche indische Bundesstaaten, um Tage der Achtsamkeit zusammen mit Vorträgen und Meditationsretreats anzubieten.

Unser Bus fuhr durch wunderschöne Gegenden mit Palmen und Tempeln, Wasserbüffeln und Reisfeldern. Ich sah mir das alles mit großem Vergnügen an, aber mein Freund wirkte angespannt. Kein Zweifel, er genoss die Fahrt längst nicht so wie ich. Er kämpfte innerlich.

Ich sagte: »Lieber Freund, es gibt im Moment nichts, was dir Sorgen machen müsste. Ich weiß, dass du mir die Reise so angenehm und erfreulich wie möglich machen möchtest, aber im Moment bin ich wirklich wunschlos glücklich. Du kannst die Fahrt einfach genießen. Streck dich aus, lächle. Ist das nicht eine herrliche Landschaft?«

»Ja, schön«, sagte er und machte es sich ein wenig bequemer. Als ich jedoch ein paar Minuten später wieder einmal zu ihm hinblickte, war er so angespannt wie zuvor, zappelig, verärgert und voller Sorgen. Er konnte sich einfach nicht von diesem endlosen Ringen lösen, das sicher schon Jahrtausende anhielt. Er war außerstande, sich in diesem gegenwärtigen Augenblick zu Hause zu fühlen und ganz auf das Leben einzulassen. Aber genau das war und ist meine Praxis. Es ist nämlich so, dass er selbst ein Unberührbarer war. Jetzt hatte er zwar Familie und eine schöne Wohnung und einen guten Job, aber er schleppte noch Berge von Gewohnheitsenergie mit sich, all die Leiden seiner Vorfahren über die Jahrtausende hin. Tagsüber glaubte er kämpfen zu müssen und nachts in seinen Träumen auch noch. Er war nicht in der Lage, dies loszulassen und sich zu entspannen.

Unsere Vorfahren hatten es vielleicht besser als seine, trotzdem sind viele von uns unruhig, als würden sie gejagt. Wir gestatten uns keine echte Entspannung, wir lassen uns nicht im Hier und Jetzt sein. Warum hetzen wir sogar beim Zubereiten des Frühstücks, beim Mittagessen, beim Gehen, beim Sitzen? Irgendetwas schubst und zerrt uns ständig. Wohin soll es denn gehen?

Der Buddha hat sich dazu sehr klar geäußert. Er sagte: »Quält euch nicht wegen der Vergangenheit, sie ist vorüber. Macht euch keine Sorgen um die Zukunft, sie ist noch nicht da. Es gibt nur eine Zeit, in der ihr leben könnt, und das ist dieser Augenblick. Kommt in die Gegenwart zurück, erlebt diesen Augenblick ganz und gar, und ihr seid frei.«

Zweierlei Knoten lösen

Es gibt zwei Arten von Knoten. Knoten der ersten Art sind unsere Anschauungen und Ideen, unsere Begriffe und Kenntnisse. Anschauungen und Ideen hat jeder, aber wenn wir ihnen verfallen, sind wir nicht mehr frei und haben keine Chance, auf die Wahrheit des Lebens zu stoßen. Knoten der zweiten Art sind die Gefühle, die uns plagen, und unsere gewohnten Leiden wie Angst, Ärger, Diskriminierung, Verzweiflung und Arroganz. Die müssen wir ausräumen, bevor wir frei sein können.

Solche Knoten sind unserem Bewusstsein und Gehirn tief eingeprägt, sie fesseln uns, sie lassen uns Dinge tun und sagen, die wir eigentlich gar nicht beabsichtigen. Deshalb sind wir nicht frei. Sooft wir nicht aus unserem ureigenen Antrieb, sondern aufgrund von Ängsten, Glaubenssätzen und Vorstellungen handeln, sind wir unfrei.

Sie lesen dieses Buch nicht, um sich weitere Anschauungen und Ideen anzueignen, und Sie meditieren auch nicht zu diesem Zweck. Es geht vielmehr darum, sich von Anschauungen und Ideen zu lösen. Ersetzen Sie auch nicht einfach alte Ideen durch neue. Hören Sie auf, ein Glücksrezept nach dem anderen abzuarbeiten oder diese Idee durch jene zu ersetzen.

Wir alle haben Verhaltensweisen und Gewohnheitsenergien, die sehr fest verankert sein können. Alle Tage überlassen wir diesen unsichtbaren Energien die Herrschaft über unser Leben. Wir agieren und reagieren unter dem Einfluss dieser tief sitzenden Tendenzen. Aber von Natur aus ist unser Geist eigentlich flexibel. Unser Gehirn besitzt »Plastizität«, wie die Neurowissenschaftler es nennen. Das bedeutet, dass wir unser Gehirn verändern können.

Glück ist auch: anhalten zu können, um den gegenwärtigen Augenblick bewusst wahrzunehmen. Wir können nicht in der Zukunft glücklich sein – und das ist keine Glaubenssache, sondern Erfahrungssache.

Kommt der Körper zum Stillstand, scheint das innere Stimmengewirr lauter zu werden. Gelingt es jedoch, das innere Plappern anzuhalten, den ständigen Erregungszustand des Denkapparats, so weitet sich etwas in uns und bietet uns die Chance zu einer radikal neuen und befriedigenden Lebensform.

Ohne Raum für Stille kann niemand glücklich sein. Das weiß ich aus Erfahrung, aus unmittelbarer eigener Beobachtung, dazu brauche ich keine neurowissenschaftlichen Gerätschaften und Erklärungen. Wenn ich jemanden vorbeigehen sehe, weiß ich meist, ob dieser Mensch glücklich ist oder nicht, in Frieden oder nicht, liebevoll oder nicht. Ohne Stille leben wir nicht im gegenwärtigen Augenblick – und es gibt keine bessere Gelegenheit zum Glück als diesen Augenblick.

Angulimala

In der Zeit des Buddha lebte ein berüchtigter Mörder namens Angulimala, der viele Menschenleben auf dem Gewissen hatte. Er war voller Leid und Hass.

Einmal kam er in eine Ortschaft, deren Bewohner sofort entsetzt in ihre Häuser flohen. Zufällig hielt sich der Buddha gerade mit seiner Anhängerschar in der Nähe auf und kam an diesem Tag zum morgendlichen Almosengang ebenfalls in den Ort. Die Leute beschworen ihn: »Verehrter Lehrer, kommt in unser Haus, da draußen auf der Straße ist es nicht sicher. Gebt uns die Ehre, in unserem Haus zu essen. Angulimala ist hier.«

Der Buddha sagte: »Das mag so sein, aber für mich als Mönch ist es wichtig, draußen zu sein und nicht nur ein Haus zu besuchen, sondern viele. Ich will hier ja nicht nur meine tägliche Speise finden, sondern den Menschen begegnen, damit sie Gelegenheit haben, sich gebefreudig zu zeigen, und ich sie unterweisen kann.« Der Buddha gab also dem Drängen der Leute nicht nach. Er war in Frieden, seine innere Sicherheit und Stärke gaben ihm Mut – nichts konnte ihn daran hindern, seinen Weg fortzusetzen.

So ging er also mit achtsamen Schritten weiter, die Bettelschale in der Hand, gesammelt und froh. Nach dem Almosengang auf dem Rückweg durch den Wald hörte er, dass jemand im Laufschritt hinter ihm her kam. Das konnte nur Angulimala sein.

Angulimala begegnete hier zum ersten Mal einem Menschen, der sich nicht vor ihm fürchtete. Bisher hatten alle stets versucht davonzulaufen – es sei denn, sie waren starr vor Schreck. Jetzt war es anders. Der Buddha ging einfach mit ruhigen Schritten und völlig ungerührt weiter. Das brachte Angulimala in Rage; er mochte es überhaupt nicht, wenn man ihn nicht beachtete.

Der Buddha merkte das alles, aber sein Puls ging nicht rascher und ein Adrenalinstoß blieb ebenfalls aus. Der Flucht-Abwehr-Reflex wurde gar nicht erst ausgelöst. Er war ganz bei sich selbst und in gelassener Ruhe. So sieht gute Praxis aus!

Angulimala war jetzt schon dicht hinter ihm und rief: »Du Mönch da, bleib stehen!« Doch der Buddha ging in aller Seelenruhe in erhabener Haltung weiter. Er war der Inbegriff des von keiner Furcht geschmälerten Friedens. Jetzt war Angulimala mit dem Buddha gleichauf und polterte: »Du sollst stehenbleiben, sage ich! Warum hältst du nicht an?«

Ohne seinen Schritt zu verlangsamen, entgegnete ihm der Buddha: »Angulimala, ich habe vor langer Zeit angehalten. Du bist es, der nie innegehalten hat.«

Das verblüffte Angulimala so sehr, dass er fragte: »Wie meinst du das? Du sagst, du hast angehalten, aber du gehst doch weiter!«

Der Buddha erklärte ihm, was es mit dem Anhalten auf sich hat: »Angulimala, es wäre besser, du würdest nicht so weitermachen wie bisher. Du fügst vielen Menschen Leid zu und dir selbst auch. Kehr um und besinn dich auf die Liebe.«

»Liebe?«, schnaubte Angulimala. »Du willst mir von Liebe erzählen? Menschen sind grausam. Ich hasse sie allesamt! Ich könnte sie alle umbringen. Es gibt keine Liebe.«

Doch der Buddha fand Worte, die ihn erreichten: »Ich weiß, Angulimala, dass du viel Schmerzhaftes erfahren hast, dein Zorn und dein Hass sind sehr groß. Aber sieh dich einmal wirklich um und du wirst auch Menschen finden, die liebevoll und gütig sind. Bist du schon Mönchen und Nonnen aus meiner Gemeinschaft begegnet? Oder den Laien unter meinen Schülern? Sie sind wirklich mitfühlend und haben wahren Frieden, daran ist nicht zu zweifeln. Mach dich nicht blind für die Liebe. Es gibt sie tatsächlich und sie wird auch von Menschen gelebt. Halt an, Angulimala.«

»Dazu ist es zu spät«, erwiderte Angulimala, »viel zu spät. Wenn ich anhalte, werden mich die Leute augenblicklich erschlagen. Wenn ich leben will, kann ich schlecht anhalten.«

Der Buddha sagte: »Lieber Freund, es ist nie zu spät. Hör einfach auf. Ich helfe dir, unser Sangha wird dich beschützen.«

Daraufhin legte Angulimala sein Schwert ab, kniete nieder und bat um Aufnahme in den Sangha, die Gemeinschaft des Buddha. Er wurde der eifrigste Schüler in der Gemeinschaft und wandelte sich mit der Zeit so grundlegend, dass er ein ganz anderer wurde, ein sanfter Praktizierender, die Verkörperung von Gewaltlosigkeit.

Wenn Angulimala anhalten konnte, sind wir alle fähig dazu. Kein Mensch könnte gehetzter und getriebener sein als dieser Mörder. Doch den Frieden der Stille finden wir nicht, ohne anzuhalten. Wenn wir immer schneller rennen und immer noch mehr bewältigen wollen, kommen wir nicht zu diesem Anhalten. Es ist nirgendwo anders als *hier* zu finden, eben jetzt. Sobald wir es schaffen, wirklich anzuhalten und den inneren Lärm abzustellen, sind wir in der heilenden Stille. Stille ist keine Leere, in der Stille fehlt uns nichts. Stille und Schweigen – je mehr Raum wir dafür in uns finden, desto mehr haben wir uns und anderen zu geben.

ÜBUNG

Die Insel des Selbst

Als der Buddha kurz vor dem Tod stand, wusste er, dass sich viele seiner Schüler ohne ihn verloren fühlen würden. Deshalb lehrte er sie, von nichts und niemandem abhängig zu sein, sondern die Insel des eigenen Ichs zu ihrem Refugium zu machen. Wenn wir das bewusste, achtsame Atmen üben, finden wir den Lehrer in uns selbst und der weist uns den Weg zu dieser Insel.

Auf Ihrer Insel gibt es wie auf dem »Festland« Vögel, Bäume und Bäche. Letztlich existiert keine reale Grenze zwischen innen und außen. Solange Sie nicht dort sind, solange Sie nicht auf Ihrer Insel und wahrhaft Sie selbst sind, bekommen Sie im Grunde auch keinen wahren Kontakt mit der Außenwelt. Nur wer ganz und gar innen ist, kann auch im Außen wirklich präsent sein. Echte Verbundenheit kann es nur geben, wenn wir ganz achtsam und ganz gesammelt sind. Der Heimweg zu Ihrer Insel besteht also zuerst und vor allem darin, dass Sie Achtsamkeit und Konzentration ausbilden.

In Plum Village haben wir ein Lied, das wir »Die Insel des Selbst« nennen. Vielleicht möchten Sie es einmal beim achtsamen Sitzen oder Gehen als geführte Meditation ausprobieren.

Beim Einatmen
gehe ich zurück
zur Insel
in mir selbst.

Herrliche Bäume gibt es
auf der Insel
und Bäche mit klarem Wasser,
Vögel, Sonnenschein
und frische Luft.

Beim Ausatmen
fühle ich mich geborgen.
Froh gehe ich den Weg
zu meiner Insel.

Verbundenheit einüben

Nie zuvor in der Geschichte der Menschheit hatten wir so viele Mittel der Kommunikation – Handys, E-Mail, soziale Medien und so weiter. Dennoch sind wir einander ferner denn je. Es gibt erstaunlich wenig echte Kommunikation zwischen den Angehörigen einer Familie, zwischen den Mitgliedern einer Gesellschaft, zwischen Staaten.

Offenbar haben wir die Kunst des Zuhörens und des Sprechens bisher nur unzureichend eingeübt. Vor allem hören wir einander nicht wirklich zu. Die meisten Menschen sind schier nicht in der Lage, sich offen und ehrlich zu äußern oder anderen in dieser Haltung zuzuhören. Aber wenn wir nicht wirklich im Austausch sind, werden die Energien innerlich blockiert und machen uns krank. Dann leiden wir und unsere Leiden greifen auf andere über.

Wer mit anderen wirklich verbunden sein möchte, muss ihnen nicht noch mehr SMS schicken, sondern besser zuhören. Verstehen kommt aus tiefem Zuhören und gibt uns das Gefühl, mehr verbunden zu sein. Besser zuhören bedeutet aber nicht, dass wir uns noch mehr anstrengen müssen. Es fängt vielmehr damit an, dass wir mehr Zeit für eine von der Stille ausgehende Praxis aufwenden – und bei unserem inneren Sender NSD Ruhe einkehren lassen.

Achtsam verbunden

Wir alle sehnen uns nach echtem Miteinander, nur dass wir es heute über das Smartphone oder unsere E-Mail-Kontakte zu finden versuchen. Es gibt uns einen kleinen neurochemischen Kick, wenn jemand uns mit einer SMS oder E-Mail bedenkt, und wir werden unruhig, wenn wir unser Smartphone nicht griffbereit haben.

Ich besitze kein Telefon und fühle mich ganz und gar nicht von meinen Freunden und Schülern abgeschnitten. Ich denke oft an sie. Ich schreibe ihnen Briefe – auf richtigem Papier mit echtem Schreibwerkzeug. Es kann bei mir dauern, sogar ein paar Tage oder eine ganze Woche, bis ich einen Brief von einer Seite geschrieben habe. Aber in dieser Zeit bin ich mit meinem Freund, meiner Freundin innerlich sehr verbunden. Ich werde auch von Freunden besucht. Sicher sprechen wir nicht so häufig miteinander, als wenn wir telefonieren würden, aber wenn wir dann zusammen sind, ist es kostbare gemeinsame Zeit. Ich sehe sie genau, ich höre gut zu, jedes Wort ist mir kostbar, denn anschließend werde ich diesen Menschen eine ganze Weile nicht mehr sehen und hören.

Kennen Sie dieses Zusammensein mit einem eng befreundeten Menschen, bei dem überhaupt nicht gesprochen werden muss? Das ist für mich die tiefste Art der Freundschaft, spirituelle Freundschaft. Solche Freundschaften sind sehr selten, und ein spiritueller Freund ist in gewissem Sinne Ihr Lehrer. Ein wahrer Lehrer ist jemand, der frei ist und die Stille nicht fürchtet. Ein solcher Mensch muss nicht Lehrer genannt werden und er oder sie kann sogar jünger sein als Sie. Wenn Sie auch nur *einen* echten spirituellen Freund haben, dürfen Sie sich glücklich schätzen. Es wird erzählt, einen wirklich guten spirituellen Freund zu treffen, das sei etwas so Seltenes wie die Blüte des Udumbara-Baums (*Ficus glomerata*, Familie der Feigen), zu der es nur alle dreitausend Jahre kommt.

Die Begegnung mit einem spirituellen Freund oder einer spirituellen Freundin gilt es gut zu nutzen. Dieser Mensch ist von erwachtem Bewusstsein, glücklich und frei, und indem wir bei ihm oder ihr Zuflucht nehmen, bewässern wir unsere eigenen Samen des Erwachens und der Freiheit. Es stellt sich heraus, dass seelische und materielle Bedürfnisse hier keine große Rolle spielen. Unser spiritueller Freund muss uns keine Komplimente machen oder uns täglich anrufen. Auf gekaufte Geschenke und besondere Zuwendung können wir gut verzichten.

Nutzen wir unsere Zeit gut. Wenn wir uns mit banalen Erwartungen abgeben, haben wir nicht viel von den eigentlichen Geschenken spiritueller Freunde. Schon wenn wir einfach verfolgen, wie sie sich unter verschiedenen Umständen verhalten, können wir mehr Weisheit gewinnen und sogar ihr erwachtes Bewusstsein selbst mit erfahren. Dazu müssen wir nicht den ganzen Tag Zuwendung heischend neben ihnen sitzen. Wir genießen einfach ihre Gegenwart und erwarten nicht, dass sie irgendetwas Bestimmtes tun oder uns geben.

Jeder kann ein spiritueller Freund sein, auch jemand, dem Sie es gar nicht zutrauen würden. Aber wenn Sie einen solchen Freund finden, ist das ein großes Glück.

Sich durch liebevolles Schweigen nähren

Wenn Sie mit jemandem zusammenleben, kennen Sie vermutlich das entspannte Schweigen, das in großer Vertrautheit möglich wird. Man muss dieses Kostbare pflegen, damit es nicht zur Selbstverständlichkeit wird. Antoine de Saint-Exupéry, der Autor des »Kleinen Prinzen«, hat einmal geschrieben: »Die Erfahrung lehrt uns, dass Liebe nicht darin besteht, dass man einander ansieht, sondern dass man gemeinsam in die gleiche Richtung blickt.« Er hatte dabei sicher kein Wohnzimmer im Sinn, in dem zwei Leute auf den gleichen Fernsehschirm starren!

Wenn die Situation aber so ist, kann das bedeuten, dass einander anzuschauen nicht mehr gar so beglückend ist, wie es einmal war. Ja, damals war sie (oder war er) einfach nur hinreißend, der Engel in unserem Leben, ohne den wir nicht sein konnten. Die Stimme des anderen war wie süßester Vogelsang und bei seinem oder ihrem Anblick ging die Sonne auf. Aber nach einer Weile ist es dann nicht mehr so wonnevoll, den anderen zu sehen und zu hören. Vielleicht hat es zu viel Streit gegeben und wir wussten nicht, wie wir uns versöhnen und wie wir unser Glück wiederfinden konnten. Wenn wir dann nur noch zusammen vor dem Fernseher sitzen, anstatt erneut Zugang zueinander zu suchen, wird alles von Jahr zu Jahr schlimmer werden.

Einmal kam eine Frau von der Zeitschrift *Elle* nach Plum Village, um die Schwestern in New Hamlet, einem der Nonnenklöster in Dieulivol, zu interviewen. In der Zeit dieser Gespräche schaute ich einmal dort vorbei und die Journalistin nahm die Gelegenheit wahr, auch mit mir ein Interview zu führen. Ich sollte etwas über Meditation und Achtsamkeit sagen, aber ich wollte den Leserinnen der *Elle* einen möglichst praktischen Ansatz bieten und schlug folgende Übung vor:

Wenn Ihr Mann heute Abend nach dem Essen den Fernseher einschaltet, üben Sie eine Weile, tief zu atmen, bis Sie innerlich und äußerlich ruhig geworden sind. Dann sagen Sie mit einem Lächeln: »Schatz, macht es dir was aus, den Fernseher mal abzuschalten? Ich würde gern etwas mit dir besprechen.« Sagen Sie es ihm wirklich liebevoll. Vielleicht ist er trotzdem ein bisschen genervt, weil er annimmt, Sie wollten einen Streit anfangen.

Wenn der Fernseher aus ist, lächeln Sie weiterhin und sagen: »Liebling, warum sind wir nicht mehr glücklich miteinander? Eigentlich haben wir doch alles. Wir verdienen beide gut, wir haben ein schönes Haus und genug Rücklagen. Warum sind wir dann nicht glücklich? Wollen wir nicht ein bisschen darüber nachdenken? Es fing doch alles so gut an, wir waren einmal wirklich glücklich. Lass uns doch mal überlegen, warum unser Glück verschwunden ist und was wir vielleicht tun können, damit es wieder richtig schön wird.«

Das ist Meditation, echte Meditation. Meist geht es ja um die Frage, wer den Schwarzen Peter bekommt, aber für den Verlauf einer Beziehung sind immer *alle* Beteiligten verantwortlich. Oft wissen beide nicht, wie man Liebe und Glück pflegt und erhält. Wir kommen schlecht mit unseren Schmerzen und Leiden zurecht, und infolgedessen können wir auch dem anderen nicht bei der Bewältigung seines Leidens helfen. Deshalb ließ ich die *Elle*-Leserschaft auch wissen, dass es immer gut ist, gleich klarzustellen, dass es nicht um Schuldzuweisung geht. Man kann als Einleitung zum Beispiel sagen: »Ich weiß, dass ich Fehler gemacht und damit unserer Verbundenheit und unserem Glück geschadet habe.«

Wenn es in einer Beziehung anfängt, mühsam zu werden, müssen wir zu uns selbst zurückkehren und genau hinschauen. Wenn wir erkennen, wo wir unserer Beziehung mit Gedanken, Worten und Taten geschadet haben, können wir dem anderen sagen, dass es uns leidtut. Und auf dieser Basis können wir achtsam und aufrichtig unseren Wunsch nach einem Neuanfang bekunden.

Was ich der Journalistin als Vorgehen beschrieb, lässt sich in jeder Beziehung verwirklichen. Wir bedienen uns einer möglichst einfachen Sprache und schauen uns die Sache gemeinsam genau an. Vielleicht möchten Sie selbst ein solches Gespräch in Gang setzen.

Wenn es zwei Menschen schwer miteinander haben und beide in die gleiche Richtung schauen, sollte es nicht die Richtung des Fernsehers sein. Liebende blicken in Richtung Frieden. Wir alle müssen zusehen, wie wir unsere Liebe nähren und wie wir einander helfen, mit unseren Leiden umzugehen, den eigenen, denen unserer Partner und Freunde und den Leiden der Welt. Überall leiden die Menschen und es ist wichtig, dass wir ihnen Rückhalt bieten. Das können wir schaffen – und wann immer wir Leiden zu lindern vermögen, wächst unser eigenes Glück.

An den Retreats in Plum Village nehmen immer auch Paare teil, die kurz vor der Trennung stehen. Das Meditationsretreat ist ihr letzter Versuch. Am Ende jedes Retreats von fünf, sechs oder sieben Tagen gibt es einige, die wieder aufeinander zugehen können. Und alle sind glücklich darüber.

Sie und Ihr Partner oder Ihre Partnerin sind ein Liebespaar. Sie können lernen, so zu träumen, zu denken und zu handeln, dass auch andere weniger leiden. Wer einmal gelernt hat, in der Beziehung für sein eigenes Glück zu sorgen und mit seinen eigenen Leiden zurechtzukommen, kann für andere da sein. Dann blicken Sie wirklich in dieselbe Richtung und es vermehrt und festigt Ihr Glück.

Die Musik der Stille

In jeder Musik gibt es Ruhemomente, in denen kein Ton erklingt. Ohne diese Zwischenräume wäre es einfach Kakophonie. Musik ohne Stille wäre chaotisch, sie würde einen »erschlagen«. Wenn wir mit einem Freund beieinander sitzen können, ohne etwas zu sagen, ist das so kostbar und wichtig wie die Pausen in der Musik. Gemeinsames Schweigen kann schöner sein als Worte.

Trinh Cong Son war ein von allen geliebter vietnamesischer Sänger und Songwriter. Er wurde 1939 geboren und bekam von seinen Fans den Beinamen »Bob Dylan Vietnams«. Als er 2001 starb, sollen sich Hunderttausende zu einem spontanen Konzert versammelt haben. Das wäre in der vietnamesischen Geschichte die zweitgrößte Trauerfeier nach der für Ho Chi Minh.

Alles Laute war nicht Trinh Cong Sons Sache, auch nicht wenn es sich um Applaus und begeisterte Zurufe handelte. Er liebte die Augenblicke der Stille und schrieb: »Es gibt Freunde, die wie die Pausen in der Musik sind. In ihrer Gegenwart bist du ungezwungen, frei und froh. Leere Konversation kann unterbleiben und du kannst ganz du selbst sein, ganz unkompliziert.« Er genoss dieses wohltuend zwanglose Zusammensein mit Freunden, wenn nichts gesagt werden musste und man nur in der Freundschaft selbst schwelgte. Wir alle brauchen solche Freundschaften.

In Plum Village pflegen und genießen wir die Sitzmeditationen, vor allem in der Gemeinschaft, als spirituelle Familie. Wir sprechen dabei nicht und doch ist es für viele so, dass ihnen das gemeinsame Sitzen mehr Freude macht, als wenn sie allein sind. Das gemeinsame Sitzen in Stille ist ein Geben und Nehmen, das alle bereichert.

In einem klassischen »Lautenlied« der traditionellen vietnamesischen Musik wird von einer Frau erzählt, die die Laute spielt und an einer bestimmten Stelle innehält. Der Text lautet hier: *Thu thoi vo thanh thang huu thanh.* Frei übersetzt: »Eben jetzt übertönt die Lautlosigkeit die Töne.« In diesem Moment, in dem die Lautenspielerin innehält, weichen die Klänge der Stille. Die Pause zwischen den Tönen ist von großer Kraft und sehr bedeutungsvoll – noch beredter als die Töne selbst. Davon sprach auch Trinh Cong Son: von der wohltuenden Tiefe der Stille.

Durch einen meiner amerikanischen Schüler habe ich erfahren, was der Saxophonist David Sanborn in einem Interview über seinen Kollegen Hank Crawford und den berühmten Jazztrompeter Miles Davis gesagt hat: »Hank wusste, dass der Raum, den du lässt, so wichtig ist wie die Noten, die du spielst. Und an Miles Davis fasziniert mich diese Einfachheit und sein Umgang mit Freiräumen, er konnte diese Räume einfach frei lassen.«

Ananda und die große Stille, die Musik der Beziehungen

Beziehung und Kommunikation sind auch eine Art Musik. Man sitzt zusammen und nichts muss gesagt werden. Wer versteht und das reine Miteinander als solches genießen kann, für den ist das genug. In den schlimmen Jahren des Krieges in Vietnam, davon bin ich überzeugt, lag der größte Trost für Trinh Cong Son in den stillen Augenblicken mit seinen Freunden. Wer das nicht kennt, wem nichts anderes einfällt, als sich einen Drink nach dem anderen reinzuschütten, der wird kaum je in den Genuss solcher Augenblicke kommen.

Einmal, als sich der Buddha für die Regenzeit im Kloster Jetavana aufhielt und seine zweihundert Mönche mit den Vorbereitungen beschäftigt waren, ergab es sich, dass weitere dreihundert Mönche aus Kosambi eintrafen. Es gab ein großes Begrüßungshallo. Der Buddha fragte seinen Hauptschüler Shariputra, was da los sei.

Shariputra sagte: »Unsere Brüder aus Kosambi sind gekommen und jetzt begehen sie das Wiedersehen mit lautem Plappern und unachtsamem Verhalten. Ich bitte dich, vergib ihnen.«

»So lärmend können sie hier nicht bleiben«, erwiderte der Buddha. »Sie müssen sich ein anderes Quartier suchen.« Diese Entscheidung sollte die Mönche lehren, ihre Kräfte bewusster und sinnvoller einzusetzen.

Shariputra gab den Mönchen bekannt, was der Buddha gesagt hatte. Da wurden sie ganz still und zogen schließlich weiter, um sich irgendwo in der Nähe ein Unterkommen für das lange Regenzeitretreat zu suchen. Während der neunzig Tage dieses Retreats wurde ihnen sehr bewusst, worin die Absicht des Buddha bestand. Sie widmeten sich von ganzem Herzen der Achtsamkeit und Konzentration, sodass sie bis zum Ende des Retreats wirklich gewandelt waren. Aber sie waren jetzt keineswegs von lastendem, feierlichem Ernst, sondern sie strahlten und trugen ein frisches Lächeln im Gesicht.

Nach dem Abschluss ihres Retreats wollten sie wieder beim Buddha vorsprechen und sich für die Belehrung bedanken. Shariputra erfuhr als Erster davon und sagte zum Buddha: »Meister, die Mönche haben ihre Regenzeitklausur beendet und möchten dir ihre Ehrerbietung bezeigen.« Der Buddha ließ die Mönche vor und erhob zum Gruß die zusammengelegten Hände.

Es war gegen sieben Uhr abends. Dreihundert Mönche aus Kosambi und zweihundert im Kloster Jetavana lebende Mönche saßen zusammen mit dem Buddha in der großen Meditationshalle. So saßen Lehrer und Schüler in tiefem Schweigen bis Mitternacht.

Ananda, der persönliche Betreuer des Buddha, trat an den Meister heran und sagte: »Ehrwürdiger Lehrer, es ist bereits Mitternacht. Gibt es etwas, was du den Mönchen sagen möchtest?« Der Buddha antwortete nicht und so saßen sie alle schweigend weiter bis gegen drei Uhr in der Früh. Ananda wusste sich keinen Rat und fragte den Buddha noch einmal: »Es ist jetzt drei Uhr, möchtest du den Mönchen etwas sagen?« Doch der Buddha blieb schweigend sitzen und die versammelten Mönche taten es ihm nach.

Dann war es fünf und Ananda stellte erneut seine dringliche Frage: »Geliebter Lehrer, die Sonne wird gleich aufgehen, möchtest du nicht zu den Mönchen sprechen?«

Endlich antwortete der Buddha: »Weshalb möchtest du, dass ich spreche? Lehrer und Schüler sitzen in Frieden und Zufriedenheit, genügt das nicht?«

Schlichte dankbare Wertschätzung für die Anwesenheit aller, das war großes Glück. Nichts war die ganze Zeit zu hören gewesen, doch das stille Zusammensein wurde von allen als unendlich wertvoll empfunden.

In Stille zusammenkommen

Im Alltag haben viele von uns den ganzen Tag mit anderen zu tun. Wenn wir achtsam sind, können wir trotzdem jederzeit in ein erfrischendes inneres Alleinsein eintauchen. Um es zu wiederholen: Zum Alleinsein müssen wir uns nicht in eine Hütte tief im Wald zurückziehen, wir brauchen die Zivilisation nicht gänzlich hinter uns zu lassen – wenngleich eine spirituelle Klausur natürlich diese Form annehmen kann.

Echtes Alleinsein entsteht aus der Sicherheit eines Herzens, das sich nicht von der Menge mitziehen lässt, das nicht von alten Kümmernissen, Sorgen über die Zukunft oder Stress und Aufregung in der Gegenwart abgelenkt wird.

Wir verlieren uns nicht, wir lassen nicht von unserer Achtsamkeit ab. Wir halten uns an unser achtsames Atmen und kommen ganz in die Gegenwart und finden dort als Refugium die wunderschöne und friedvolle Insel, die jeder in sich hat.

Wir können frohen Herzens mit anderen zusammen sein, ohne zu sehr ins Emotionale abzugleiten oder unsere Wahrnehmungen allzu ernst zu nehmen. Andere Menschen können uns sogar fördern. Wenn wir jemanden sehen, der oder die sich achtsam bewegt, liebevoll spricht und seine oder ihre Arbeit gern tut, bekommen wir einen Anstoß, zu unserer eigenen Achtsamkeit zurückzukehren. Sehen wir dagegen jemanden, der abgelenkt ist und zerstreut agiert, kann das ebenso ein Glockenzeichen für unsere Achtsamkeit sein, das uns auffordert, umso entschlossener präsent zu sein – zum eigenen Nutzen und zum Nutzen anderer. Es kann immer sein, dass der andere unsere achtsame Präsenz irgendwie spürt und dann den Wunsch hat, ebenfalls zu sich selbst zurückzukehren.

Wenn wir Freude am Zusammensein mit anderen haben und der Umgang uns nicht von uns selbst entfernt, können wir jederzeit und überall lächeln und in Frieden atmen – wir sind auf unserer Insel des Ichs, wo alles gut ist.

Unserer regelmäßigen Praxis in einer Gemeinschaft nachzugehen ist eine wunderbare Sache. Beim gemeinsamen Sitzen umfängt die Energie der Achtsamkeit aller unsere Schmerzen. Dann sind wir wie ein Tropfen im großen Fluss und fühlen uns gleich viel besser.

Das kostbarste Geschenk, das wir einander machen können, ist unsere Präsenz, mit der wir zur kollektiven Energie der Achtsamkeit und des Friedens beitragen. Wir können für andere sitzen, die es nicht können, wir können für andere gehen, die es nicht können, und wir können in uns Stille und Frieden schaffen für Menschen, die beides nicht haben.

In einem solchen Umfeld können sich unsere inneren Knoten von selbst lösen, sodass wir gar nicht unbedingt selbst etwas dazu tun müssen.

Sich selbst heilen und zugleich die Welt – mit jedem wachen Schritt und jedem wachen Atemzug kann es tatsächlich geschehen.

Neue kollektive Gewohnheiten entwickeln

Das kollektive Bewusstsein kann vergiftend oder aufbauend wirken. Ebenso können Gewohnheiten des Denkens, Sprechens und Handelns gesund oder ungesund sein. Es ist eine gute Sache, uns in der Gruppe – bei der Arbeit, in der Familie oder unter Freunden – darauf zu verständigen, dass wir achtsam atmen, bevor wir den Hörer abnehmen, oder dass wir immer dann kurz innehalten und lauschen, wenn bestimmte akustische Signale zu hören sind – ein Telefon, Kirchenglocken, Martinshörner, Flugzeuge. Das können kollektive Gewohnheiten werden, die Gutes bewirken.

Für solche neuen kollektiven Gewohnheiten spricht vieles. Im Miteinander fällt es uns leichter, von alten ungesunden Gewohnheiten zu lassen und die Richtung zu ändern. Gemeinsam bringen wir unsere Gedanken zum Schweigen und richten uns auf den Atem aus. In der Gruppe unterstützten wir uns gegenseitig darin, gesammelt und achtsam einzuatmen und auszuatmen. Das ist etwas sehr Einfaches, aber von tiefer Wirkung. Wenn wir alle unsere Gedanken anhalten und zusammen bewusst atmen, sind wir ganz von selbst keine getrennt existierenden Individuen mehr, sondern bilden ein fröhliches Miteinander, aber nicht als Ansammlung Einzelner, sondern als ein neuer Gesamtorganismus. Dann entsteht Energie einer neuen Art und Größenordnung, stärker als die Energie, die wir als Einzelne beim achtsamen Gehen und Atmen generieren.

Unser Körper entspannt sich hierbei und wird für die kollektiven Energien der Achtsamkeit und Konzentration empfänglich, sodass Heilung ganz nebenbei und mühelos geschieht. Wenn wir zum Beispiel frustriert sind und uns dann geistig und körperlich der kollektiven Energie der Achtsamkeit und Konzentration öffnen, kann zutiefst Heilsames entstehen.

Im größeren Rahmen andere nähren

Nicht nur in der Familie oder in unserer Meditationsgruppe können wir lernen, Stille einkehren zu lassen, sondern es kann durchaus auch im größeren Maßstab geschehen. Wenn Sie Lehrer sind, wäre es doch sicher gut zu wissen, wie im Schulunterricht diese edle, erfrischende Stille geschaffen werden kann. Auch beispielsweise in Unternehmen und Behörden sollte es möglich sein, entsprechende Ansätze auszuprobieren, etwa eine Periode der Stille am Beginn jedes Arbeitstags oder vor einer Besprechung.

Als ich 1997 in Indien war, lernte ich den Parlamentspräsidenten kennen und gab ihm die Anregung, alle Sitzungen künftig mit einer Übung einzuleiten: auf die Glocke lauschen, atmen und lächeln. Alle anwesenden Abgeordneten würden sich daran beteiligen. Und für den Fall, dass eine Debatte so hitzig wurde, dass keiner mehr dem anderen zuhörte, konnte man ebenfalls ein Glockenzeichen verabreden, auf das hin alle verstummen würden, um eine Zeitlang das achtsame Atmen zu üben, damit sich alle beruhigten und man anschließend die Diskussion gelassener fortsetzen konnte. Zehn Tage darauf wurde tatsächlich eine Kommission zur Einführung einer solchen zivilisierten parlamentarischen Praxis gebildet.

Wenn wir uns in allem, was wir zu tun haben, kleine Freiräume für Stille schaffen, nähern wir uns der wahren Freiheit an. Dann rangeln wir nicht mehr um Positionen und Ansehen, um all das, wovon wir uns bisher das Glück versprochen haben. Wir können *sofort* glücklich sein. Jetzt im Moment können wir Frieden und Freude haben. Selbst wenn wir unser Leben lang Getriebene waren und nur noch zwei Minuten zu leben haben, können wir jetzt unsere Gedanken anhalten, achtsam atmen und Stille und Frieden in uns finden. Aber weshalb sollten wir erst auf unserem Totenbett präsent sein und das Leben als die Kostbarkeit erkennen, die es ist?

ÜBUNG

Beim Sitzen nur sitzen

Vielleicht haben Sie schon erlebt, dass jemand Ihnen Beine machen wollte mit der Aufforderung: »Sitz nicht einfach rum, tu was!« Das müsste man für die Achtsamkeitspraxis umkehren: »Tu nicht einfach irgendetwas, sitz nur da!« Nicht-Tun ist nicht dasselbe wie Untätigkeit. An manchen Menschen ist nicht viel äußere Aktivität zu erkennen, aber ihre Anwesenheit, ihre Präsenz, ist von großer Bedeutung für das Wohlergehen der Welt. Es ist eine besondere Art der Präsenz, in der sie sehr zugänglich sind, für die Menschen und für die Welt. Im Nicht-Tun tun sie etwas.

Sie sehnen sich vielleicht manchmal danach, nur dasitzen zu können und nichts tun zu müssen, aber wenn sich die Gelegenheit dann tatsächlich ergibt, kann es sein, dass Sie die Freiheit gar nicht richtig genießen können. Das liegt vor allem an der Zielorientierung unserer Gesellschaft. Meist bewegen wir uns in eine bestimmte Richtung und haben bestimmte Ziele im Sinn. Im Buddhismus dagegen genießt »erleuchtete Ziellosigkeit« durchaus Ansehen. Hier gilt, dass man sich weder etwas vornehmen noch den Dingen nachlaufen muss – weil alles schon in uns ist. So solle es bei der Sitzmeditation auch sein. Sitzen Sie nicht, um etwas zu erreichen. Beim Sitzen erweckt Sie jeder Augenblick zu neuem Leben. Probieren Sie aus, ob Sie nicht auch andere Dinge »ziellos« tun können, sei es, dass Sie den Garten gießen, sich die Zähne putzen oder das Geschirr abspülen.

An Wünschen und Zielen ist nichts auszusetzen. Aber wir sollten nicht zulassen, dass sie uns davon abhalten, glücklich im Hier und Jetzt zu leben.

Stilles Sitzen kann wunderbar absichtslos sein. Sogar geführte Meditationen können absichtslos sein. Hier eine Meditation für Spontaneität, Frische, Festigkeit, Klarheit und Weiträumigkeit.

Beim Einatmen weiß ich: Ich atme ein.
Beim Ausatmen weiß ich: Ich atme aus.
(Ein. Aus.)

Beim Einatmen sehe ich mich als Blume.
Beim Ausatmen fühle ich mich erfrischt.
(Blume. Erfrischt.)

Beim Einatmen sehe ich mich als einen Berg.
Beim Ausatmen fühle ich mich fest.
(Berg. Stabil.)

Beim Einatmen sehe ich mich als stilles Wasser.
Beim Ausatmen spiegele ich alles, wie es ist.
(Wasser. Spiegeln.)

Beim Einatmen sehe ich mich als Raum.
Beim Ausatmen fühle ich mich frei.
(Raum. Frei.)

Über den Autor

Der Zen-Meister Thich Nhat Hanh ist eine der großen spirituellen Führungsgestalten unserer Zeit und zugleich Dichter und Friedensaktivist – weltweit für seine wirkmächtigen Unterweisungen über Achtsamkeit und Frieden sowie für seine zahlreichen Bücher bekannt und geachtet. Seine Kernaussage lautet, dass wir durch Achtsamkeit lernen können, glücklich im gegenwärtigen Augenblick zu leben, denn nur so lasse sich wahrer Frieden im eigenen Innern und in der Welt schaffen.

Thich Nhat Hanh spielt eine Schlüsselrolle für die Verbreitung des Buddhismus im Westen. Er hat in Amerika und Europa sechs Klöster gegründet und zahlreiche Praxiszentren aufgebaut. Hinzu kommen Tausende Sanghas – örtliche Gemeinschaften für die Achtsamkeitspraxis. Die von ihm geschaffene weltweit blühende Gemeinschaft von über sechshundert Mönchen und Nonnen und seine nach Zehntausenden zählende Laienschülerschaft sorgen überall auf der Welt – in Schulen, im Berufsleben, im Unternehmensbereich und sogar in Gefängnissen – für die Umsetzung seiner Lehren über Achtsamkeit, die Schaffung von Frieden und den Aufbau von Gemeinschaften. Martin Luther King nannte diesen zurückhaltenden, bescheidenen Mönch einen »Apostel des Friedens und der Gewaltlosigkeit«.

Thich Nhat Hanh lebt in Plum Village, seinem Achtsamkeitspraxiszentrum in Frankreich.

Praxiszentren von Thich Nhat Hanh

In verschiedenen Gemeinschaften weltweit wird die Kunst des achtsamen Lebens in der Tradition von Thich Nhat Hanh praktiziert. Nachfolgend finden Sie Kontaktadressen, um weitere Informationen zu erhalten, wie Sie an Retreats teilnehmen können:

Plum Village – Praxiszentrum und Kloster
in Südfrankreich:
13, Martineau (New Hamlet) /
F-33580 Dieulivol, Frankreich
www.plumvillage.org

Praxiszentrum und Kloster von Plum Village
in Deutschland:
Europäisches Institut für Angewandten
Buddhismus (EIAB)
Schaumburgweg 3 / D-51545 Waldbröl
Telefon: +49 (0) 2291 907 1373
www.eiab.eu

Laien-Zentren, in denen in der Tradition
von Plum Village praktiziert wird:
Intersein-Zentrum
Unterkashof 50 / D-94545 Hohenau
www.intersein-zentrum.de

Quelle des Mitgefühls
Heidenheimer Str. 27 / D-13467 Berlin
www.quelle-des-mitgefuehls.de

Weitere Informationen und Dharma-Talks von Thich Nhat Hanh finden Sie auch auf YouTube, Facebook, www.plumvillage.org und www.wkup.org

Ein Teil der Einkünfte dieses Buches unterstützt die Friedensarbeit von Thich Nhat Hanh. Hier erfahren Sie, wie Sie diese Arbeit weiter unterstützen können: www.thichnhathanhfoundation.org. Vielen Dank!